蔡子強——著

打開歷史名人家門，看見古今故事

大人們的居所

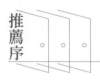

故址不一定會說眞事，但肯定能說故事

梁文道／文化人

　　以名人相關故址為主題的旅遊，其實我不太理解。我猜，我的胃口大概是在三十多年前，剛開始一人出門旅行時被倒掉的。我們那個年代的香港學子，若不到二十，第一次想憑自己的能力和資源離開香港，那最容易因此也最熱門的目的地，自然就得是中國大陸了。彼時無論去到何處，我們都總是不經思考地跟隨最主流的意見，最官方的指南（別忘了那還是個沒有互聯網的年代，甚至 Lonely planet 也才剛剛開始介紹中國），走一條最制式化的道路，把據說必須拜訪的景點填格子似的一一打勾。而在那些必遊清單裡面，肯定會有一連串名人故居、墓地，他們工作過的地方，睡過的房子，某個傍晚吃飯時用過的桌椅之位置，等等等等。我看得是這麼多，乃至於連成吉思汗的陵墓都見過了。

　　我是說真的，我見過「成吉思汗陵」。沒錯，都曉得成吉思汗身後埋骨之地，曾以群馬踩踏，直到從外表上再也看不出任何痕跡為止，如今就連考古學者和歷史學家也都幾乎放棄了尋找其所在的念頭。但三十多快四十年前，那位一邊叼著菸一邊用麥克風解說行程的導遊，就是這麼宣布的：「我們今天本來該去明十三陵，但說實話，那些東西其實沒什麼好看。所以我們決定帶大家去一個更重要更好玩的景點，那就是成吉思汗的墳墓！」當時大巴上

面有一半人高興地鼓起掌來，另外半人則跟我一樣，震驚到說不出話，以為這是個玩笑。而我當時參加的，是所有剛到北京旅行，因此活該被宰的遊客，通常都會跑去跟隨的「一日五遊」旅行團。這所謂的「五遊」，就是五個北京市區之外的景點，其中必須要有的是居庸關，以及十三陵，另外幾處就可以隨旅行社的意思組合了，而遊客當然也可以憑藉組合的不同挑選自己感興趣的路線。其實呢，我並不太介意他們帶我去看成吉思汗下葬處，但我很介意他們居然為了這個玩意放棄掉十三陵，而且當天我們已經被帶去過一個叫做「神州愛犬樂園」的詭異景點了，裡面養了差不多近百品種難辨的狗，並且都困在籠子裡頭，瘦骨嶙峋，一點都不像被人愛過的樣子。

結果，車子開到了相當於現在北京市順義區的某塊荒地，我們看到一座用水泥堆砌起來的蒙古包，旁邊豎了一塊碑石，上頭居然還有模有樣用上了蒙古文和漢文對照，寫著「成吉思汗墓」。此外就什麼都沒有了。那是八月的黃昏六點多，夕陽下一股熱風吹起一陣風沙和乾草，我們一群人三三兩兩呆呆站在這座水泥蒙古包四圍，皆不作聲。我還記得，有人向我借了一根菸，然後一起抽著眺望當年還是農地的京郊遠處。

假如一座歷史名人的墓地可以憑空生造，那還有什麼遺址，以及人們想要用它訴說的歷史故事，是不容剪接、不容篡改，不容虛構的呢？這讓我想到了蔡子強兄在這本書裡寫到的劉少奇故居。曾經被紅衛兵大肆破壞的這座房子，如今整修完好，且還添建一座紀念館。其中當然有劉少奇的生平介紹，可以讓訪客透過照片

看他五、六〇年代的日常生活，例如他在中南海裡頭種樹打太極。可這些圖片竟然只到一九六四年為止，接下去就是一九八〇年的「劉少奇同志追悼大會」了，中間那十多年就好像沒什要事可記，既不提他的慘死，更不會說到當年他如何以國家領導人之尊淪落為任人打罵的階下囚。這是多麼奇怪的一件事情？一座紀念歷史名人的展覽館，卻完全不碰他的死亡。而死亡，豈不正是任何歷史人物之為歷史人物的完整敘述之必要終點嗎？不過，瞭解中國現代史，以及遍及其身敏感帶者，肯定能夠「同情理解」這種把十餘年歷史空白掉的無奈。於是，就在這座紀念館，表面上堅固恆久，彷彿任何事物進去之後都不得再動半分的建築物，卻讓所有遊客目擊了歷史這種東西的柔軟身段。

在我看來，這可能就是一切名人故蹟之所以還值得一遊的理由之一。不是為了站在某個歷史偉人策動世界大事之所在，天真而浪漫地以為自己可以神入當時情景，遙想那一刻的激動，又或者詭詐的思量；更不是為了所謂的發思古之幽情。而是為了看到這些遺跡怎樣成為訴說歷史故事的場所。例如看誰有資格讓自己住過的地方成為人山人海的熱門景點（例如書中提到的毛澤東故居），誰的老家又門可羅雀（例如宋教仁出生的祖屋）。這冷熱之別，乃當下政治主導的歷史敘述決斷。又如，看這樣一個地方怎樣以物件陳設，去說一些今天必須要的故事，同時又掩蓋掉一些不欲為人所知的暗面。更有趣的，是這些所謂故址，絕大部分都不可能原封不動地留到今日，而是總要經過改造、重建，甚至拯救。這些歷年來工程當然是一種構造歷史故事的手段和結果，可它本身，同

樣也成了一層的歷史。比方說書裡頭提到的中國共產黨一大會址，居然就坐落在現今上海最時尚最繁華的消費空間當中。那些最富資產階級情調的精品店以及小餐館，包圍了神聖的革命起源地，並且在外觀上保持了同一種風格。當年中國執政者允許房地產商以如此方式開發這個革命聖地周邊，可能就是當時鼓勵資本家入黨，高談「三個代表」這種風氣的遺產，在那個年代還沒有太多人覺得不妥。如果是在今天這個標榜「不忘初心」、「敢於鬥爭」的年代，才來重建這片地方，就絕對不可能出現如今這種共產黨起源地四圍燈紅酒綠的情景了。從這個意義上來講，這片歷史遺址所說的故事，就不再只是當年那場會議的來龍去脈，更是在這場會議所誕生的政黨，在上世紀九〇年代之後所曾經有過的一種自我理解了。

所以，雖然我對名人故跡沒有太強烈的興趣；但四、五年前，我也還是專門去了一趟 Sant＇Andrea in Percussina。這是一座佛羅倫斯郊外的小村莊，由於太過冷門，我甚至連它的標準中文譯名是什麼都不知道。特地坐車去到那裡，只是為了看看馬基雅維利完成《君王論》的地方。一生醉心政治的馬基雅維利因為站錯隊伍，背上了叛國的罪名，1512 年被流放此地，幽居一年。據說他是一個標準的都市人，特別著迷裡頭種種複雜的人性計算，同時他又非常享受彼時佛羅倫斯正如繁花盛放的文藝活動。住在這個只有農田和一間小酒館的村落，對他肯定是種折磨。可偏偏就在這個清靜的地方，遠離了原有的交際圈子，他才第一次有機會觀察大部分基層百姓的情感與慾望。也正是因為這種機緣，他終於動筆寫下大半生思考和參與政治的心得總結。

這些事情，我以前在書上都讀過。但唯有真正到了那裡，我才發現站在這個地方，竟能清楚看到不遠處那勾勒出佛羅倫斯天際線的地標——聖母百花大教堂的穹頂。我忍不住想像，當年的馬基雅維利是否也曾每天呆呆看著故鄉這宏偉的穹頂，以及城內貴族住宅那些壯觀的塔樓？這究竟是燃起了他想要回到共和國政治漩渦核心的野望，還是平添一股放逐之後無人聞問的落寞？

書是寫完了，他一年之後也終於如願回到老家，可他再也得不到曾經有過的地位和榮譽。晚年的他，是以劇作家的身分被當時的佛羅倫斯市民知曉。死後，他只配一個平凡的喪禮，全靠家族既有墓葬在內的關係，才勉強埋進聖十字大殿。再後來，在他心愛的這座城市裡頭，甚至連他一丁點活過的痕跡都沒有留下來了。他的名聲是如此糟糕，乃至於他的名字在其身後兩百多年成了一種禁忌。而《君王論》還真上過教會禁書的名單，使得書商在出版的時候要換上假的封面，隱藏真實的作者名字和書名。我們今天在聖十字大殿這座號稱是義大利萬神殿的教堂裡頭，所看見的馬基雅維利紀念碑，其實是 18 世紀末才被按上去的，他真正的埋骨之處早就在教堂重修之後消失了。

可是現在，你看 Sant'Andrea in Percussina 這個小村落，就知道如今的佛羅倫斯市民有多麼愛他。不但有路標告訴你馬基雅維利當年住在什麼地方，那個時候他天天光顧的小酒館更滿布他的畫像，甚至還有遊客人手一瓶以其命名的啤酒。因此，從某種意義上來講，這座他只不過住了一年多，樸素簡陋，但因為《君王論》而非

凡的故居，才是他一生意義終於完成的實現。他活著的時候不被理解的那一切，我們現在終於懂了。我想，子強兄這麼多年來如此專注遊訪昔人故地，大抵也有尋索那未完成之價值的心情吧。

自序　讀書讓我知天高，旅行讓我愛地厚

我平生有兩大熱愛，一是讀書，二是旅行。

讀書讓我知天高，旅行讓我愛地厚。

讀書多了，識得更多，知道「天外有天，人上有人」，讓人知所謙卑；遊歷多了，踏遍千山萬水，見盡眾生風景，讓人學懂愛惜和憐憫。

年輕時，對世界充滿好奇，想看的是名山大川、奇觀異景，且貪多慕得，為的是不想一日年華老去時才發現有所遺憾；但隨著年紀漸長，閱歷多了，步伐開始放慢，學識去細賞歷史人文，近年更去了很多歷史名人故居，想的是，鑑古思今，有所沉澱。

以往，遇上良辰美景，總愛把相片、喜悅和感動，拿來與別人分享；但到了如今，最想分享的，反而是歷史、感悟和沉澱。

最後想在這裡鳴謝朋友 L 君。他是我中學同學，大學畢業後回大陸發展，大家一別就是幾十年。但緣分這回事，就是很奇妙，近日再遇後，竟共同踏上一段難得的旅程。

　　因為新冠疫情，我有三年多沒有外遊，本書的寫作計畫也只能暫且擱置下來。到了今年恢復通關，我在五月抽了十天，匆匆前赴中國湖南湖北一趟，想多訪十多個名人故居、紀念館、景點，為本書埋尾。但時間實在倉卒，若不是 L 君仗義駕車載我到各處，最後去到的數目可能只有一半。所以，特地在這裡作出鳴謝。

目錄

推薦序：故址不一定會說真事，但肯定能說故事／梁文道　002

自序：讀書讓我知天高，旅行讓我愛地厚　008

晚清卷 01. 靜海寺：香江流月去無聲　012

02. 洪秀全故居：思覺失調者在這裡夢囈　018

03. 曾國藩故居和墓園：鋒芒露殺氣，圓通顯和氣　026

04. 鄧世昌紀念館：甲午英烈身先死　036

05. 春帆樓與《馬關條約》：李鴻章的「海岳煙霞」　044

06. 東鄉平八郎 @ 三笠號：皇國興廢在此一戰　052

07. 萬木草堂：康有為的帝師夢話　058

08. 梁啟超故居與怡堂書室：建構「中華民族」第一人　066

09. 譚嗣同故居：去留肝膽兩崑崙　076

革命卷 10. 孫中山故居：一椽得所，五桂安居　084

11. 孫中山大元帥府：革命不在一時順逆　092

12. 中山陵：落定塵埃我為公　100

13. 黃興故居：有史必有斯人　106

14. 宋教仁故居和墓園：民國曾經出現過的機會之窗　116

15. 黃花崗七十二烈士墓園：革命英烈，兒女情長　124

民國卷　16. 黃埔軍校：先烈之血，主義之花　132

17. 南京總統府：人間正道是滄桑　142

18. 美齡宮：宮花寂寞紅　150

19. 張學良公館：「千古罪人」還是「千古功臣」？　156

20. 西安事變@華清池：中國命運在此改寫　164

中共卷　21. 中共一大會址在「新天地」　170

22. 毛澤東故居：天若有情天亦老　182

23. 劉少奇故居：歷史在這裡「被空白」　196

24. 廣州起義烈士陵園：槍桿子出政權　206

台灣卷　25. 胡適故居和墓園：自由、容忍、漸進　212

26. 錢穆故居：艱險我奮進，困乏我多情　220

27. 林語堂故居：用幽默去對抗一個壞時代　230

28. 殷海光故居：愚公、孤鳳，與飛蛾　240

01. 靜海寺：
香江流月去無聲

耆英　　　　　　璞鼎查

到南京，有個地方我覺得自己不能不去，因為那是香港百年迂迴曲折命運的起點，那就是靜海寺（見圖1）。

靜海寺是一建於明朝永樂年間的古寺，那是明成祖為了表彰大航海家鄭和下西洋功勳而建，並存放了他從海外帶回來的物品，甚至鄭和自己晚年也居於其中。如今寺內不單有鄭和銅像（見圖2），並有記述他下西洋事蹟的壁畫（見圖3）。

（鄭和銅像頭的上方有孫中山稱讚他「超前軼後」的題字，這四字源於《建國方略》中提到：「乃鄭和竟能於十四個月之中，而造成六十四艘之大舶，載運二萬八千人巡遊南洋，示威海外，為中國超前軼後之奇舉」）

但真正讓靜海寺載入史冊的，卻因為它是割讓香港的《南京條約》之談判地。

1842 年，滿清在鴉片戰爭戰敗，被迫簽下其第一條不平等條約《南京條約》，把香港割讓給英國。雖然條約最後是在英艦「康華麗」（Cornwallis）號上，由中方代表耆英及英方代表璞鼎查（Frederick Pottinger，即後來首任香港殖民地總督砵甸乍）所簽署（見圖 4，攝自寺內展品），但之前的談判其實卻是在靜海寺內進行，這是因為當時正值盛夏，而船艙又狹小，可謂侷促悶熱難當，所以英方提出要到岸上議約，雖然中方起初不願意，但最終還是屈服。

靜海寺在清朝道光年間曾遭大火焚毀，之後再重建，之後又在太平天國和抗日戰爭期間兩度再遭戰火所毀，因此現址其實是第三次重建。如今寺內為了提醒國民「毋忘國恥」，設有「《南京條約》史料陳列館」（圖 5），當中不單展出了中國近代不平等條約的史料，還有復原了的《南京條約》議約時場景（見圖 6、7）。

在這個復原了的房間內，牆上還掛上了三幅有關當時情景的速寫。原來這三幅速寫十分珍貴，是當時參加議約的英軍所作。

第一幅，描繪英軍在下關江面放下舢板，然後在靜海寺的牌坊前登陸（見圖 8，攝自房內展品）；

第二幅，描繪清朝官員在靜海寺宴請璞鼎查一行人（見圖 9，攝自房內展品）；

第三幅，描繪清朝官員列隊，迎接英國代表到靜海寺談判。

這三幅速寫是 2001 年時，英國學者 Phillip Bruce 將自己的收

藏，捐贈給靜海寺《南京條約》史料陳列館。

除了這三幅速寫之外，牆上還掛上了《撫夷日記》（*Diary of Appeasing Foreigners*）、《利洛日記》（*The Closing Events of Campaigns in China*）、《在華作戰記》（*The Doings in China*）等，當時記錄談判情況的原始文獻之有關章節摘錄。

有關靜海寺和這「百年恥辱」，還有一則小故事。話說，《南京條約》簽署後不久，靜海寺內個小和尚出外，在另一寺掛單，在吃飯時不經意提到自己來自靜海寺，不料旁邊的大和尚聞之後大怒，一巴掌把他打得飯也吐出來，大和尚甚至下了逐客令，斥其有辱佛門。小和尚回到靜海寺後向老方丈報告，後者聽了後面如死灰，沉默無語，並且一整天內不吃不喝。小和尚憂心如焚，跪求方丈不要如此。這時方丈才老淚縱橫，連說「罪有應得」。從此他囑咐寺內眾和尚，出外時不要再輕率道出自己來自靜海寺。想不到，佛門淨土，也受到這「百年恥辱」所沾污。我不知此小故事真假，但其出現，也反映百姓視這割地賠款條約恥辱之深。

現今靜海寺外有一鐘樓（見圖 10），內裡放有一「警世鐘」。原來，1997 年，香港回歸祖國，經一位南京市民提議，市內募捐及鑄造了青銅大鐘一座，安放在此，並命名為「警世鐘」。鐘體正面鑄「警世鐘」三個大字，背面則鑄「前事不忘，後事之師」。鐘體高 1.842 米，寓意《南京條約》簽訂於 1842 年；鐘的頂部有一 7.1 厘米高的火球，寓意 7 月 1 日香港回歸；鐘的肩部有 12 隻和平鴿，象徵當時的 12 億中國人民；鐘裙上有兩條龍，代表黃河、長江，又象徵「龍的傳人」；兩條龍的龍頭相對，之間是南京市花梅

花：梅花下方是一道環繞鐘體一周的回紋，象徵香港與祖國不可割斷的血緣。

警世鐘於 1997 年 6 月落成，並於 6 月 30 日香港回歸前夜，舉行了隆重的撞鐘儀式，如今每年的 8 月 29 日（即《南京條約》簽訂日），都會舉行撞鐘儀式以作紀念。

我到靜海寺參觀時，發現這裡頗為冷清，遊人寥落，不似南京其它歷史建築般熙來攘往。但就是這個蒼涼地方，當年為香港翻開了殖民地百年滄桑的第一章。

長溝流月去無聲，轉眼間已經近兩百年了，古剎依舊在，但香江卻也幾度夕陽紅了。

02. 洪秀全故居：
思覺失調者在這裡夢囈

洪秀全

　　洪秀全四次考科舉，四次落第，大受打擊，忽然自稱是天父之子，從此假借上帝和宗教之名，蠱惑人心，胡作非為。洪的憤世嫉俗以及忽然「上帝上身」，換來了一場人類史上死人最多的內戰，雙方都殘暴濫殺，視人命如草芥。後來，太平天國政爭白熱化，東王楊秀清又有樣學樣，假借「天父下凡」傳令，向洪施壓和企圖奪權，幕幕以天父為名的政爭鬧劇，荒謬地上演。

　　從歷史中汲取教訓，我對那些無端端硬要把政治與所謂「神諭」扯上關係，例如說「受上帝感召而參選」、「天堂已經預留了個位置給我」之輩，十分有戒心，這是思覺失調，還是居心叵測？

　　洪秀全年輕時三次考科舉，三次都落第，這時他已經25歲，歸途上巧遇一位可能是最早期華人基督徒的梁發，送了他一本傳教小冊子《勸世良言》。洪返家後大病一場，據稱，迷糊間看到

「異象」，有位老人對他說：「奉上天的旨意，命你到人間斬妖除魔」，從此洪開始行為怪異，六年後，再參加科舉，但仍名落孫山，絕望中，他再翻閱《勸世良言》，忽覺自己受命於天，下凡誅妖。從此他號稱自己是天父耶和華之子，耶穌為其天兄，自己則為次子，並成立了「拜上帝會」，假借上帝和宗教之名，蠱惑人心，胡作非為。

有些人物，自視極高，極度自戀，但卻有社交和認知障礙，與別人「connect」（聯繫）不到，不被接納，在遭遇打擊時，很易精神出現問題，變成思覺失調，甚至懷恨在心，潛意識要作報復，若然掌政，只會為害人間。歷史上不乏類似例子。

發動二次世界大戰的希特勒，年輕時立志做個畫家，19歲時報考維也納藝術學院，卻被拒諸門外，對此一直耿耿於懷，認為學院沒有取錄自己，是世界的重大損失。當然，他原意指的是藝術上，但後來世界真的蒙受大禍，那卻是生靈塗炭。

如果當年洪秀全考上秀才，希特勒做到畫家，歷史大有機會改寫，蒼生或許可避過一劫。

成魔之路，往往是由憤恨所鑄成。憤恨，讓手段即使變得齷齪卑劣，都可給自己一個理由，自我合理化。而諸般憤恨當中，又以「被迫害的妄想」，最為要命。若然，再加上聲稱聽到上帝聲音，那就更加要小心了。

有次到廣州時，造訪了洪秀全的祖屋兼故居。

雖說是位於廣州市，但它位於邊陲地帶的花都區大布鄉官祿布村，交通不太方便，若然坐地鐵，也得再多轉兩次公車，才可到達。結果，朋友駕車送我去，也要近一小時車程。

到達時，見到廣場上聳立著一洪秀全雕像，雕像左邊是由郭沫若題上「洪秀全故居」的景區入口（見圖 1），雕像後面則是紀念館（見圖 2），內裡展覽了洪的生平以及太平天國的歷史。

景區由洪秀全故居、洪氏宗祠、書房閣、仿建客家民居等建築組成。

洪在這祖屋住了三十多年，在此耕種、讀書，並從事早期革命活動。金田起義後，清軍兩度入村誅殺，官祿布村成了一片廢墟，洪祖屋亦遭焚毀，現址是於 1959 年在原有牆基上復建，並由郭沫若題字。

祖屋是由泥、磚、木、瓦所建，一廳五房，一排六間相連的橫屋（見圖 3），客家人稱為「五龍過脊」，由左至右分別是洪秀全夫婦、廳堂、父母、兄嫂、姊妹的房間，以及廚房。每個房間各有一道前門，門前沒有走廊，屋前屋後都沒有窗戶，建築十分簡單。

洪夫婦的房間（見圖 4），十分簡陋，只勉強放得下一床、一桌、一椅，便只餘四壁，且幾乎伸手可及，而所謂的床，雖然蓋有蚊帳，但其實只是一塊木板，置於幾塊磚頭之上。縱然如此，洪秀全曾在這裡寫下《原道教世歌》、《原道醒世訓》、《原道覺世訓》，和《百正歌》等宣傳革命文獻，其長子洪天貴（後加「福」字成「洪天貴福」）也在這裡出世。

忽然想起，當年洪大概就是在這房這床上，病到五顏六色，並且「見到上帝」，一個思覺失調者，就是在這裡作出夢囈。

洪夫婦房間右邊是廳堂（見圖5），同樣十分狹窄，現時沒有放置家具，卻放置了其先輩洪英綸夫婦的畫像，上有洪秀全親筆題的詩序。畫中人身穿清朝官服，意味洪家先輩曾當清廷官員，但可惜，卻沒有其它史料或證據可茲證實，且有人提出，畫像和詩序的真實性有待證明。

廳堂右邊是洪父母的房間（見圖6），所謂的床，同樣只是一塊木板，置於幾塊磚頭之上。

故居旁邊有洪氏宗祠（見圖7），原建築在金田起義後已遭清軍焚毀，到了1911年，清朝國祚已近尾聲，洪氏後人才敢予以復建，內有供奉洪氏歷代祖宗的靈位（見圖8）。

在景區入口左邊，會見到「書房閣」，這其實是村塾，現址也是於1959年在原有牆基上復建。這裡中間是用花崗石鋪砌的天井，右側是塾師臥室，左側是廚房，三間敞開相通。天井放了桌椅，這是塾師向村裡孩子授課的地方（見圖9），洪秀全7歲開始在這裡讀書，18歲又開始在這裡教書。但1843年洪創立「拜上帝會」後，卻索性打爛了這裡的孔子像並丟掉。塾師臥室雖然簡單，但比起其它村屋，已算整潔，傢俬也較齊全（見圖10），始終中國傳統上對老師還是比較尊重。

洪秀全故居景區並不是太多東西可看，一個小時可看完，餘下時間，大家可以到旁邊的紀念館看，內裡展覽了洪生平以及太平

天國歷史，有很多有趣東西，進門後會見到洪秀全坐龍椅的銅像（見圖 11），再進內會看到洪的龍袍（見圖 12，乃複製品）、太平軍的軍服（見圖 13）、當時人的髮式和服式（圖 14）等展品。

但特別吸引我注意的，反而是館內展出的一幀照片（見圖 15），那是官祿布石角潭遺址，當時洪秀全及馮雲山常帶教徒來這裡淋浴洗禮，讓人想起施洗者約翰和約旦河。

圖 16、17 乃館內展出洪秀全起義以及定都南京的油畫。

■ 花县官禄㘵石角潭遗址。洪秀全、冯云山等常常带新
入会的信徒来此自行沐浴洗礼

Site of Stone Horn Pond in Kuan-lu-pu Village, where Hung Hsiu-
ch'üan and Feng Yün-shan often came to baptize themselves

16

17

03. 曾國藩故居和墓園：
鋒芒露殺氣，圓通顯和氣

曾國藩

在封建王朝裡，要加官晉爵、位極人臣，自然艱難；但要全身而退、得以善終，也一樣不易。專制帝王，多疑善妒，反覆無常，又欠缺制衡，可任意妄為，為人臣子，隨時動輒得咎，伴君有如伴虎。

最早把這個道理說得透切的，是春秋時代的范蠡，他幫越王勾踐復國後，急流勇退，為的當然不是要與西施駕鴛蝴蝶、雙宿雙棲，而是因為一份戒心，那就是他對同僚文種的那個勸告：「飛鳥盡，良弓藏；狡兔死，走狗烹」。文種沒有果斷行事，最後果真慘被勾踐踢死。

本篇要說的人物，同樣看透這個道理，他就是「晚清四大名臣」中地位最高的曾國藩（其餘三位是左宗棠、李鴻章、張之洞）。

提到曾國藩，筆者最先認識他，是小學國文課，相傳他率領湘軍與太平天國作戰之初，屢吃敗仗，上書朝廷時如實稟報，提到「屢戰屢敗」，卻經幕僚阻止和提點，遂改成「屢敗屢戰」，雖然只是顛倒了詞序，所表達意思卻天差地遠。

但長大後才知道，曾國藩最成功之處，並不在於修辭，而是其政治智慧，以及處世之道。

曾國藩人生的巔峰，莫如是湘軍拿下天京（即今南京），為清廷除去太平天國這心腹大患，這原本是天大功勞，換轉是他人，就算不恃功生驕，也會躊躇滿志，但大家估曾國藩隨之做了什麼？

他沒有利令智昏，反而做了三件令人意想不到的事：

一、立時裁湘軍，自削兵權，且都是他直接控制的核心部隊；

二、在南京建旗兵營房，奏請清廷調派嫡系的八旗兵南來進駐；

三、替弟弟曾國荃奏請離職回鄉養病。曾國荃是湘軍主帥，就是由他領軍拿下天京，但他為人貪財、魯莽、不知進退。

曾國藩完全明白自己手握重兵，會惹來慈禧的猜忌，要靠他抵禦太平軍時，就不得不如此，但當太平天國已除，「飛鳥盡，良弓藏」，也就是自己最危險的時候，遂當機立斷，做了以上三件事。也因為如此，讓朝中對他不滿和猜忌的人，也不好意思且找不到藉口去整治他。

曾國藩在家書中寫：「權太重，位太高，虛望太隆，悚惶之

至」。他寫信給弟弟曾國荃，說：「至阿兄忝竊高位，又竊虛名，時時有顛墜之虞。吾通閱古今人物，似此名位權勢，能保全善終者極少」；後更訓斥他，要他引退：「自古握兵柄而兼竊利權者，無不凶於國而害於家，弟雖至愚，豈不知遠權避謗之道。」

曾國藩愛讀書，相信定必知曉歷史，尤其是清朝前人如年羹堯、隆科多這些權臣之命途和下場，引以為戒。事實上，終其一生，他都步步為營，小心謹慎。

曾國藩才智並非上乘，打仗亦非將才，他用的是老實方法，好好讀書，敦品勵學，持之以恆，用儒家那一套來「修身、齊家、治國、平天下」，且與人為善，努力立德、立言、立功，實踐儒家的「內聖外王」。

這些都讓他在晚清四大名臣身後，成了名聲最好的那一個，既是忠臣，也是儒臣，成了政治和文化上供宣傳的楷模。

百多年後，上世紀九十年代，中國內地先由《曾國藩傳》掀起，再由《曾國藩家書》接續，讓他紅遍大江南北，成了一文化熱門話題和現象。

曾國藩故居位於湖南雙峰縣荷葉鎮，佔地四萬餘平方米，建築面積也達一萬餘平方米，建築頗有格局，院前已經氣派懾人，背山面水（見圖 1，因為筆者沒有航拍器材，所以只能拍下故居內展覽的模型，見圖 2，以顯示其宏偉布局），院前有個偌大的半月塘，塘上種滿荷花，院後則是樹木茂盛的山丘，真的做到青山綠水。

　　進院時，會見到槽門上有牌匾，上有曾國藩兒子曾紀澤（乃次子，長子早夭）所題「毅勇侯第」四隻大字（見圖3），這是因為曾國藩在同治年間獲封毅勇侯。

　　進入院內，會見到中庭，足足有兩個籃球場那麼大，兩邊是草地，中間是石砌通道（見圖4），通道盡頭，就見到曾國藩所題「富厚堂」三個大字（見圖5）。

　　走進堂屋，會在前廳見到黑底金字牌匾，上有曾國藩所題「八本堂」三隻字，匾上還有曾紀澤所書，父親的「八本」家訓（見圖6）：

讀古書以訓詁為本，

作詩文以聲調為本，

侍親以得歡心為本，

養生以少惱怒為本，

立身以不妄語為本，

居家以不晏起為本，

居官以不要錢為本，

行軍以不擾民為本。

　　當然，最後兩句家訓，曾國藩自己做不做得到，卻有爭議，尤

其最後一句「行軍以不擾民為本」，要知道，湘軍在苦戰拿下安慶和南京時，都作了大屠殺。

之後到後廳，讓人印象最深的，是這裡有多個牌匾，且都大有來頭。

首先，是頂上懸著同治御筆欽賜的「勳高柱石」金字橫匾（見圖7），這是在曾國藩六十大壽時所賜，以表揚其功勳。另外，兩旁牆上還掛著由道光所御書的「福」字（見圖8），以及由同治所贈（但由乾隆所御書）的「壽」字（見圖9）。

另外，廳中亦有一塊同治年代敕封的「太子太保」金字牌匾（見圖10），以及曾國藩自己所書的「肅雍和鳴」白底藍字橫匾（見圖11），語出《詩經》「肅雍和鳴，先祖是聽」，因此橫匾面向祖宗神龕而掛。

當然，以上所有題字，如今能夠在這裡見到的，全都是複製品。

再走進內，會看到曾國藩夫人的臥房（見圖12）、曾紀澤的臥房和書房（見圖13和圖14）、會客廳（圖15），以及曾經藏書十多萬卷的「芳記」藏書樓等，但房中一概傢俱不多，估計大都已經遭到破壞（尤其是文革時），畢竟曾國藩鎮壓太平天國，但後者卻被中共定性為農民革命。事實上，大屋外牆雖經修復，但仍依稀見到一些紅衛兵標語的遺跡。

但奇怪，這裡卻偏偏不見曾國藩自己的房間，為何會如此呢？於是用手機上網查看，一看才知原委，原來曾國藩自己根本一天

也沒有在這裡住過！

話說，打敗太平軍後，曾家軍獲得大量財寶，於是紛紛在家鄉大興土木，建宅安享晚年。原先曾國藩自己意思，是買一舊屋，修葺後住進去便可（其舊居「黃金堂」因為發生了幾件傷心事，死過幾個人，曾夫人因而一直對此宅不安和心生抗拒），且因為自己公務繁忙，所以叫兒子曾紀澤去辦，但事情後來由其弟弟曾國荃、曾國潢所主導，兩人覺得兄長貴為大官，建宅之事不能隨便，遂買下大片土地，建成偌大的富厚堂。建堂時，曾國藩已經 55 歲，且一直在外奔波，所以根本未有機會返鄉在此宅小住，竣工後，只由夫人率領全家搬進去。

曾國藩原本對兒子的囑咐是「屋宇不尚華美，卻須多種竹柏，多留菜園，即占去田畝，亦自無妨」，但後來知道建屋花了很多錢，讓他很生氣，寫信給曾紀澤嚴斥一番，還在日記中深切自責：「餘生平以起屋買田為仕宦之惡習，誓不為之。不料奢靡若此，何顏見人！平日所說之話全不踐言，可羞孰甚！屋既如此，以後諸事奢侈，不問可知。大官之家子弟，無不驕奢淫逸者，憂灼曷已！」

其實，在富厚堂右手邊山坡上，建有一座思雲館，是當年曾國藩為了給父親守孝而建，他在這裡反而住了一年四個月，是他成年後在故鄉居住時間最長的一次，這時他 46 歲，那時還未有富厚堂。在此之後，曾國藩便一直在外奔波，再難有機會回鄉，直到他 62 歲去世，也是安葬於湖南長沙。

順帶一提，其弟曾國荃攻下南京時，掠走巨額財富，被民間譏

諷曾家「打開南京進洋財」。他給自己建的大宅，比富厚堂規模更大，取名「大夫第」，據說無比富麗堂皇，曾國藩曾多次力勸這個弟弟要知所收斂，不要樹大招風，但荃卻一於少理。（大夫第日久失修，仍未經修復，現時沒有對外開放）

幸而，皇天不負有心人，當上網查看資料時，發現曾國藩出生和度過幼年的祖屋其實就在附近，看看手錶，才下午三時許，且這趟有朋友駕車同遊，彼此商量過後，決定立即趕過去，結果在四時許趕到（途中還意外路經秋瑾故居，且下車匆匆瀏覽了二十分鐘）。

曾國藩的祖屋叫「白玉堂」（見圖 16），他在這裡出世。雖然不及富厚堂大，但白玉堂宅前仍建有半月塘（見圖 17），格局不錯。屋內裡除了有堂屋（見圖 18），還有曾國藩祖父曾星岡、父親曾竹亭等人的臥房，以及曾國藩自己的臥房（見圖 19）和書房（見圖 20）。

後來，曾氏家族分家，曾國藩分到的卻是前面提到的黃金堂，再加上後來興建的富厚堂，所以曾國藩在家鄉其實有三個故居。

曾國藩死後並沒有運返家鄉安葬，而是葬於長沙市郊一座山丘之上，坐北朝南，背山面水，乃一風水寶地，圖 21 便是其墓。

這裡還有一個小故事。話說，曾國藩生前曾經親身去勘察過自己日後安葬之地，發現在擬建神道的路徑上，原來有一「桐溪寺」擋路，本來，他位極人臣，大可以用權將寺拆遷，但以讀書人自勉的他，卻本著儒家謙讓和敬天的精神，選擇了把神道繞過寺廟側出的方案解決，如今大家到現場還可看到。

10

11

12

13

14

15

04. 鄧世昌紀念館：
甲午英烈身先死

鄧世昌

　　清朝中業以後，國防戰略上出現兩派思想，一是「塞防論」，另一則是「海防論」，兩者分歧在於國防和資源投放的優先，該是塞防還是海防，擴展陸軍還是海軍？兩者代表人物皆大有分量，前者是左宗棠，後者則是李鴻章。左宗棠曾經領軍平定陝甘回亂，以及新疆，戰功顯赫，但也耗掉清廷大量餉銀；而李鴻章則建立了清朝現代化海軍「北洋水師」，當然也花了清廷大錢。

　　李鴻章力主海防，以日本為假想敵，主張收縮塞防和陸軍，將「停撤之餉，即勻作海防之餉」；而左宗棠則大表反對，指出「（西北）若此時即擬停兵節餉，自撤藩籬，則我退寸而寇進尺，不獨隴右堪虞……」

　　後來，清廷在海上戰線連連慘敗，簽下了連串城下之盟，割地

賠款，甲午戰爭更輸給一向視為小弟的日本，打擊尤甚，國人才察覺到世情已變，清朝最嚴重的國防威脅，已非像過去兩千多年般，來自邊塞和游牧民族，反而是來自海上和列強，但可惜，知之已晚。

本篇介紹甲午海戰壯烈殉國的英雄鄧世昌，這位北洋水師裡最為後世所推崇的軍人，其實是個廣東人，他的故事讓人唏噓，且想起杜甫的名句：「出師未捷身先死，長使英雄淚滿襟」。

當年清、日兩國差不多同時候遇上西方的衝擊，因而急於要變革和現代化，來面對這關乎國運的巨大挑戰，這才是「千年未有之大變局」。洋務運動和明治維新，差不多同時候進行，但一場甲午戰爭，卻判了兩者勝負，從此兩國命運迴異，因此甲午戰爭實可稱為「命運一戰」。

甲午戰爭敗於清軍腐化懶怠，這沒有異議。但此外，坊間也有個流行觀點，那就是歸咎為了幫慈禧修築頤和園，而挪用了北洋艦隊軍費。但這個觀點卻嫌片面，姑勿論牽涉費用是否非此即彼，起碼它缺乏了一宏觀視野。

根據近年對此最詳細的研究，陳先松在 2013 年發表的《修建頤和園挪用「海防經費」史料解讀》，「頤和園工程經費約為 8145148 兩」，即大概八百萬兩白銀，而北洋艦隊旗艦「定遠號」的建造費則大約為一百五十萬兩，因此，修築頤和園的經費可買到五艘定遠號，但當然這裡並未計算一艘戰艦所需的軍餉、彈藥，和運作經費，不能完全作準。況且，清廷訂購定遠號的時間

是 1880 年，而頤和園影響北洋水師的購艦經費是 1889 年以後，這裡還未計算通膨因素。而更重要的是，修築頤和園費用，與另外一筆軍費相比，實是小巫見大巫。

說的是，左宗棠出兵西域平定新疆的軍費，究竟這筆款項有多大？對此有不同估計，三千萬兩、六千萬兩，甚至一億兩的估算我都見過，這裡牽涉到不同計算方法，以及把哪些戰爭階段和範圍納入計算，但無論如何，哪個估計都好，都遠超頤和園的修築費用。實情是，為了支持左宗棠出征，清廷幾乎掏空了國庫。

事實上，以李鴻章為代表的海防派，一直反對塞防派的看法，認為收復新疆耗費巨大，經濟上不划算，主張招安，把叛亂部族立為藩屬，和平共處，而非加以清剿和強行納入帝國版圖，再把省下來的軍費用作海軍建設，防範洋人和日本人從海上而來的威脅。

如果不是勉強追求大一統，維持一個大帝國的版圖，清朝或許不會如此收場。

說回鄧世昌，他生於番禺一個茶商家庭，自小聽到鄉親及私塾老師說林則徐虎門銷煙，以及列強欺凌我國的故事，立志長大後要保家衛國。後來，他到了上海讀教會學校，聰明伶俐，深得洋老師喜愛，通曉英文和數學。一天，他見到一個外籍巡捕毒打拉車伕同胞，他忿忿不平上前質問，知不知這裡是清國！不料對方卻答說，知不知這裡是租界！這令他一時間無言以對，只能心裡立志要振興國家。

本來以其一表人才，大可平步青雲，但他卻選擇投筆從戎，加入福州船政學堂，與其他草根同學一起，再從頭學起，最後，鄧以優異成績畢業。他加入海軍，表現同樣優秀，深受重用，多次出國考察，最後成了「致遠號」之管帶（見圖1、2，攝於鄧世昌紀念館內展品），此艦為北洋艦隊主力之一，是從英國購入的現代化巡洋艦。鄧治軍得法，且關懷士兵，恩威並施，深受士兵愛戴。圖3是鄧（二排左四）與致遠號艦上士兵合照（攝於館內展品），從中可見彼此相處融洽。

未幾，甲午戰爭爆發，在黃海大東溝一役中，北洋艦隊與日本艦隊遭遇，爆發激烈海戰，旗艦定遠號遭敵艦圍攻，危在旦夕，千鈞一髮之際，為了捍衛旗艦，鄧指揮致遠號主動迎敵，使旗艦能夠脫險，但致遠號自身卻身陷重圍，遭到重創，全船大火，且已經彈盡。鄧鼓勵全艦官兵道：「吾輩從軍衛國，早置生死於度外，如今之事，有死而已！」又說：「倭艦專恃吉野，苟沉此艦，足以奪其氣而成事」，遂命令致遠號全速撞向敵方主力艦吉野號，決心與敵同歸於盡，敵艦趕忙集中火力炮擊阻擋，致遠號最後被擊沉。

鄧世昌墜落海中，部下以救生圈相救，卻被他拒絕，並說：「我立志殺敵報國，今死於海，義也，何求生為！」所養愛犬亦遊至其旁，口銜其臂以救，鄧誓與致遠號共存亡，毅然按犬首入水，自己亦同沉沒於波濤之中，壯烈殉國（見圖4，攝於鄧世昌紀念館內展品），時年仍未滿45歲，可謂英年早逝。

有次到廣州，心裡萌生憑弔鄧世昌之念。可惜歷經歲月滄桑，

鄧世昌的故居已經不復存在，現時其紀念館設在廣州市內的鄧氏宗祠。我坐地鐵到「鳳凰新村站」，沿廣州內環路，再轉入內街，步行大概二十分鐘便到，但因要穿插不少橫街窄巷，也不算易找到，但那裡是廣州，我可以用廣東話問路。

鄧世昌紀念館隱沒在巷弄之中，大門並不亮眼（見圖5、圖6）。進入門內，先見前園，牆上有海戰浮雕（圖7），往後就是祠堂主體建築。祠堂入口，掛上鄧世昌畫像，兩旁則有題為「雲臺功首、甲午名留」一副對聯（圖8）。如今祠堂內，主要陳列了「鄧世昌與甲午海戰」這個專題展覽，介紹了鄧生平，以及那場海戰來龍去脈，還展出鄧世昌銅像（見圖9、10）、致遠號上水兵服（見圖11）和救生圈（見圖12）等，當然致遠號早已沉沒，館中展出的都是複製品。

鄧世昌紀念館似乎並非熱門旅遊點，當日我早上到此一遊，庭園內十分冷清（見圖13），只有我一個人，頗為幽靜，但正好讓我能默默憑弔這位當年壯烈殉國的好軍人，以及那段不堪回首的歷史。

致远舰军官合影，第二排左四为邓世昌。

6

7

8

9

05. 春帆樓與《馬關條約》：
李鴻章的「海岳煙霞」

李鴻章

　　首篇談了《南京條約》，上篇談了甲午戰爭，今篇再談《馬關條約》。鴉片戰爭和《南京條約》讓清廷丟了香港；甲午戰爭和《馬關條約》則讓清廷丟了台灣，翻開了兩岸百年糾結的第一頁。

　　清軍大敗，被迫要與日本展開和談，敗軍之將，何足言勇，談判地點定在日本馬關市（即今下關市），日方可謂佔盡地利，但清廷也只能無奈接受。談判在一棟叫春帆樓的臨海旅館進行，雙方鬥智鬥力，但想不到最後幫了李鴻章的，卻是日本一名「愛國賊」。

　　清方主要談判代表為李鴻章，而日方則為維新名相伊藤博文，兩人之前雖然惺惺相惜，但國家民族利益在前，也只能各為其主。圖1是臨摹當時談判場景的畫作，清方代表團，背對畫面，右一且坐在火爐右邊的正是李鴻章（反映其身子較弱），對於香港人來說，特別值得一提的是，還有談判桌右側中間那位伍廷芳，他是一個香

港人（簡介另見篇末小框）；至於日方代表團，面對畫面，右一就是伊藤博文，右二則是外務大臣陸奧宗光。雙方共有十一名代表出席。

春帆樓建築典雅，景緻優美。只可惜，原先的春帆樓，已經在二戰時被空襲摧毀，之後經過多次重建，現今的春帆樓（見圖 2）於 1985 年建成，旁邊建有「日清議和紀念館」（見圖 3）以作紀念，館中復原了當時談判會議時的場景（見圖 4，因原場地有玻璃牆包圍，反光並不易拍攝，這裡只能翻拍自日清議和紀念館的介紹小冊子），以及相關物件，當中部分更是原物，如談判代表所坐的黑漆金花紅墊椅子，以及李和伊藤兩人的書法真跡（見圖 5 和圖 6），伊藤書的是中文，可見其中文修養。

讀者可能好奇，為何這項重要的日清和議，會揀在馬關這個名不見經傳的地方簽訂？坊間流行兩套說法，一是「炫武論」，另一則是「河豚論」。

先說「炫武論」。為了教學需要，近年我看過好些講談判策略的書，課題之一就是如何揀選談判地點，其中看過一說明案例，恰巧就是《馬關條約》。話說當時馬關是個軍港，且從日本南下出征清國的軍艦，需經過這裡的水道，因此，從春帆樓的窗口往外望，可以看到日軍軍容鼎盛，日方企圖以此對清方談判團起震懾作用，施加心理壓力，讓日方在談判中更加有利。

另一說則是「河豚論」，此說頗有野史色彩。話說伊藤故鄉正是馬關，他愛吃河豚，而春帆樓正正擅於做河豚料理，是伊藤的心水食肆。伊藤別號「春畝山人」，再加上海峽上的帆影，「春帆

樓」便是以此取名。因此，此說是以伊藤個人喜好，來解釋日方為何揀春帆樓作為談判地點。

眾所周知，河豚有毒，烹飪時稍一不慎，就會讓吃者中毒，甚至喪命。因此日本古時豐臣秀吉曾下禁食令，到明治維新時仍未改，但馬關這一帶盛產河豚，當地不少居民私下照吃如常。伊藤有次來到春帆樓，想吃生魚片，但卻因海上風雨而捕不到好魚，於是春帆樓就呈上河豚刺身，伊藤一試難忘，驚訝世上竟有如此美味，認為無理由禁吃，於是提出解禁，並採執照制，要有執照才能供應河豚料理，而第一張執照，就是發了給春帆樓。

那麼李鴻章在春帆樓談判時，有否一嚐河豚這地道美食？據春帆樓後人透露，李擔憂被下毒，因此從本國帶來廚子，在談判期間，都是自行煮食。

當然，今天大家不用再怕被人下毒，大可以大快朵頤，體驗一下日本維新名相的至愛料理。但在春帆樓吃一頓河豚料理，每人也要花上萬日元，且需提前預約。若然大家想進一步體驗一下歷史滄桑，在春帆樓住一晚，則大概要四、五萬日元，並不便宜，但只要想到這裡客房數目不多，且均可眺望關門海峽風光，便明白並不為過。這裡以榻榻米傳統和式房間為主，並不是所有人都會住得慣。頂層四樓為「總統套房」，1958 年和 1963 年，昭和天皇與皇后曾經在此下榻，因此稱為帝王間。

春帆樓外有一條小道，被命名為「李鴻章道」（見圖 7），原來當中又大有故事。

　　話說當時談判陷於膠著，一天會議結束，李乘轎返回旅館，途中卻突遭日本浪人槍擊。這名浪人竄到轎前，用左手按轎夫的肩，用右手舉槍向李槍擊。子彈擊中李左眼對下位置，嵌入頰骨，李血流不止，手掩傷口，但仍神色自若，步入旅館。

　　兇手名小山豐太郎，是個無業青年，屬狂熱民族主義者，受當時國內主戰氣氛所影響，認為除非佔領北京，否則不可輕言議和，斷送大好機會。小山頭腦發熱，以為只要殺掉李鴻章，便可中斷和談，幫了國家。

　　李遇刺後，形勢反而轉為對日本不利。所謂「兩國交戰，不殺來使」，這是國際外交上大忌。日本遭國際社會一致譴責，伊藤更擔心西方列強會乘機插手干涉，掠走日本的到口肥肉，因而心焦如焚，於是上疏明治天皇：

　　「由於此次兇變，帝國不得不立於甚為困難之境地。反之，清國卻因此而得到最好的口實，清使或將立即歸國。而當其向各國哀訴時，各國將向彼表示同情，且難保不轉而以其聯合之壓力抑制我方。果真如此，則帝國之威嚴必將大為喪失。……」

　　伊藤提出日本要向清方作點讓步，天皇最終應允。

　　世事就是如此諷刺，一個仇清的日本暴徒，卻反過來挽救了清廷。本來當時日軍可在遼東、山東兩面夾擊北京，假以時日，局勢進一步惡化，李將別無選擇被迫簽下更差的城下之盟，嚥下更苛刻的條件，但就是一次暴徒魯莽行為，卻令日本處境尷尬，為免橫生枝節，日本遂宣布先行休戰，並放棄要求控制山海關至北

京天津等這些更辣的要求。

看到這裡，大家或會明白到什麼是「愛國賊」，他們口口聲聲「愛國」，但現實行為和客觀效果上卻反而是「禍國」，例如作出種種野蠻、魯莽的仇外行為。只可惜，今天無論中國內地和香港，「愛國賊」卻何其多。

有說這條李鴻章道就是當年他被槍擊的地方，但據日清議和紀念館的小冊子介紹，這其實反而是槍擊發生之後，李猶有餘悸，因此避開大路而走小路，這條小路久而久之便被稱為「李鴻章道」。

經過 29 天的艱辛談判後，清方被迫簽訂喪權辱國的《馬關條約》，內容包括：割讓遼東半島、台灣及澎湖列島給日本；中國賠償日本軍費白銀二億兩。

為了紀念伊藤和陸奧兩人在此立下畢世功勳，日本在館外為兩人立像（見圖 8）。

成王敗寇，究竟當時李鴻章的心情又是如何？

紀念館內收納了李鴻章的一幅書法「海岳煙霞」（見圖 5），但卻是書於同治年間，而非《馬關條約》談判期間。

我相信，李自知《馬關條約》一簽，自己註定要成為「千古罪人」。不幸的是，六年之後，他又要再次勉為其難，替清廷簽訂了《辛丑條約》，可說是嚐盡屈辱。晚年他曾寫詩抒發鬱結：「勞勞車馬未離鞍，臨事方知一死難。」梁啟超曾經這樣說：「吾敬李鴻章之才，吾惜李鴻章之識，吾悲李鴻章之遇。」

李鴻章亦曾慨嘆：「我辦了一輩子的事，練兵也，海軍也，都是紙糊的老虎，何嘗能實在放手辦理？不過勉強塗飾，虛有其表，不揭破猶可敷衍一時。如一間破屋，由裱糊匠東補西貼，居然成是淨室，雖明知為紙片糊裱，然究竟決不定裡面是何等材料。即有小小風雨，打成幾個窟窿，隨時補葺，亦可支吾應付。乃必欲爽手扯破，又未預備何種修葺材料，何種改造方式，自然真相破露，不可收拾，但裱糊匠又何術能負其責？」

對於這位「大清裱糊匠」來說，功名利祿，到頭來終究是「海岳煙霞」而已。

香港早期猛人伍廷芳

大家可能沒有想過，有分出席《馬關條約》談判這歷史性一幕，竟然會有一個香港人！他就是伍廷芳（又名伍才）。伍在新加坡出生，父親為富商，十四歲來港求學，在聖保羅書院就讀，後再赴英，在倫敦大學攻讀法律，並通過資格試，成為首位取得外國大律師資格的華人。後返港奔喪，在船上認識候任香港總督軒尼詩，成就了一段政治奇緣，讓他獲得重用，後來更獲委任為首位立法局（當時稱定例局）華人議員。投桃報李，他積極支持這位港督的開明政策，如反對歧視華人、廢除公開笞刑、過制販賣女童等。之後，他輾轉再到中國發展，在那個年代精通英語和法律，讓他成為難得人才，李鴻章把他羅致為幕僚，因此伍也因緣際會，以頭等參贊的身分，參與了《馬關條約》談判這歷史性一幕。

06. 東鄉平八郎 @ 三笠號：
皇國興廢在此一戰

東鄉平八郎

　　日俄對馬海峽海戰，是兩國命運的分水嶺，日方艦隊指揮官東鄉平八郎，更在旗艦三笠號上，向將兵下達了「皇國興廢在此一戰」的軍令。他在艦上掛了一面 Z 旗，寓意「必勝的決心」，因為已經「退無可退」。

　　清朝和日本，其實是在相隔十年間先後遇上西方帝國主義臨門威迫，前者是「鴉片戰爭」（1840～42 年），而後者則是「黑船叩關」（1853 年），兩國都因而要改革圖強，分別推行洋務運動和明治維新，但後來兩者卻命運迥異，關鍵是甲午之戰（1894～95 年）以及日俄之戰（1904～05 年）。兩場戰爭，兩仗皆影響深遠，這是清、日、俄三國走向現代化路上的轉捩點。

　　現代化的代價和陣痛十分巨大，百姓都要為此付出重大犧牲，而究竟這種犧牲值不值得？政權往往就是以民族主義來作說服；

而這種說服是否有力？又往往端視乎國家能否在戰爭中打勝仗，來激發民眾熱情。

日本先後打贏了甲午和日俄戰爭，百姓欣喜若狂，對國家信心十足，無人再會懷疑日本是否該沿著原有路徑走向現代化，日本從此走上大國崛起之路；相反，滿清和沙俄卻打輸了，標誌其現代化之失敗（例如清廷的洋務運動），國力不單遭到削弱，政權亦失卻百姓的信任，統治威權大受動搖，王朝從此走向衰落。

上兩篇談過甲午戰爭和《馬關條約》，今篇再談日俄戰爭。

二十世紀初，日、俄兩國為了稱霸遠東，爭奪中國東北和朝鮮，雙方勾心鬥角，矛盾漸趨白熱化。

1904 年 2 月 8 日，日本不宣而戰，其聯合艦隊偷襲俄國停泊在租借地旅順港內的太平洋艦隊，雙方爆發戰爭。俄軍雖然看似強大，兵力佔優，但因將兵質素欠佳，補給線過長，在戰場上處於下風，在鴨綠江會戰、黃海海戰、蔚山海戰，連連失利，俄方艦隊更漸失戰鬥力。但俄國已經把旅順修建成一堅固要塞，日本陸軍要進行強攻，死傷難免，在三次旅順會戰中，日軍皆陷入苦戰，最後雖然攻克旅順，但只能算是慘勝。再經奉天會戰之後，日軍在陸上戰場已經穩操勝券，但以重大死傷作為代價。

餘下來的就只有海戰。雖然俄方已經損失了駐守在旅順和海參崴的太平洋艦隊，但它仍孤注一擲，從歐洲調來更強大之主力波羅的海艦隊，務求擊敗日方聯合艦隊，奪回制海權。這關鍵一役，甚至被日方艦隊司令東鄉平八郎形容為「皇國興廢在此一戰」。結

果，雙方在對馬海峽遇上，爆發海戰史上經典一役，以及流傳後世的「T」字戰法。

俄方波羅的海艦隊有八艘戰列艦、三艘海防戰列艦、三艘裝甲巡洋艦，而日方聯合艦隊卻只有四艘戰列艦、八艘裝甲巡洋艦。兩者相比，俄方佔有明顯優勢，但最後卻落得全軍覆沒，究竟是什麼原因呢？

箇中關鍵是聯合艦隊司令，名將東鄉平八郎，臨陣調動得宜，成功帶領艦隊做到「敵前急轉彎」，形成一個「T」字戰陣：己方艦隊打橫攔住對方艦隊的單縱陣的去路，讓己方艦隻可以從舷側用大多數火炮盡情痛擊敵方的前頭艦；相反，敵方艦隻卻只有前頭艦能以艦首少數火炮射擊己方，結果形勢扭轉，日軍以弱勝強。

能夠成功列出「T」字戰陣，東鄉臨陣調動得宜，當然應記首功，但日方以逸待勞，相反俄方卻勞師遠征，也是關鍵。俄方艦隊花了半年時間，從波羅的海橫跨半個地球駛過來對馬海峽，船員未戰已經精疲力竭，更糟的是，欠缺中途站休整，船底都結上大量貝殼和雜物，嚴重減低艦隻速度和靈活性，結果就是如此輸了給對方。

東鄉一仗成名，成了日本海軍的戰神，他與日俄戰爭中滿洲軍總司令官大山巖，一起被百姓稱為「陸上大山，海上東鄉」，從此備受軍民景仰。

東鄉來自薩摩藩，那就是今天的鹿兒島，日本的南大門。在日本得到沖繩之前，這裡是日本與清國海上直線距離最近的一個地

方，也因此最能接觸到中土先進思想和技術，然後再向日本本土傳播，就連唐朝的鑒真和尚也是在這裡登陸，且這裡氣候宜人，人傑地靈，是「明治英傑」的搖籃，除了東鄉外，大名鼎鼎的西鄉隆盛、大久保利通、大山巖等都是薩摩藩人。

東鄉在西鄉隆盛弟弟開設的私塾裡讀書，習文練武，雖然清苦，卻學有所成。西鄉隆盛仰慕中國明代大儒王陽明，因此私塾也教授王的學說，東鄉因此從小習得滿腹經綸，跟西鄉同樣尊崇王陽明，坊間有傳東鄉隨身攜帶一塊腰牌，上刻「一生低首拜陽明」七字，但也有說這並無確切證據及史料記載，乃穿鑿附會之說。

無論如何，對馬海峽海戰成為近代史上（不計成吉思汗和蒙古西征），東方黃種人打敗西方白種人的先例，東鄉從此亦得到「東方納爾遜」（幫英國在海上打敗拿破崙的名將）之威名。

今天，俱往矣。東鄉的旗艦三笠號，在日俄戰爭中歷次海戰都化險為夷，安然無恙，但戰爭結束後，同年停泊在佐世保軍港時，因士兵胡鬧而讓後部彈藥庫發生爆炸而沉沒，之後雖經維修復元，但到了後來又因《華盛頓海軍條約》限制列強海軍艦隻數目和噸位，因三笠號已經老舊而遭犧牲，不單要退役，甚至要被拆卸解體，後經各方努力，才爭取到在橫須賀成立紀念公園，以三笠號艦身為紀念館主體。二戰後，蘇聯對這艘當年讓他們父輩慘敗的戰艦恨之入骨，要把它煎皮拆骨，以洩心頭之恨，艦的主要結構和設備被拆除。後經日本官民全力爭取和募捐，才在 1961 年復原，保存至今，供後人參觀。

　　如今大家到三笠號紀念公園，會先在岸上先見到東鄉的雕像（見圖1），以及「皇國興廢在此一戰」的碑文（見圖2）。水上泊著的便是三笠號（見圖3），正如前述，艦身如今已經改建成紀念館，開放供大家參觀。登艦後大家會體會到當年海軍鼓吹的「大艦巨炮」主義（見圖4）。艦上甲板有標示各位將領作戰時指揮所站的位置，如東鄉所站之處（見圖5），艦上還陳列出那幅描繪當年東鄉在艦上指揮若定的著名油畫（見圖6）。

　　最後順帶一提，艦上還特別有介紹那面著名「Z旗」（見圖7）。話說，當年納爾遜在關鍵的特拉法加海戰中，在旗艦上升起了Z旗；而東鄉在此役，同樣在旗艦三笠號上升起了Z旗，並向全艦下達了「皇國興廢在此一戰，各員一層奮勵努力」的命令。

　　Z旗有何含義？因為Z是26個英文字母最尾一個，之後就沒有了，以此象徵，若然此仗打輸，之後就什麼都完了，因此寓意「必勝的決心」，因為已經「退無可退」。

　　東鄉的決心，與當年楚霸王頂羽的「破釜沉舟」，如出一轍。

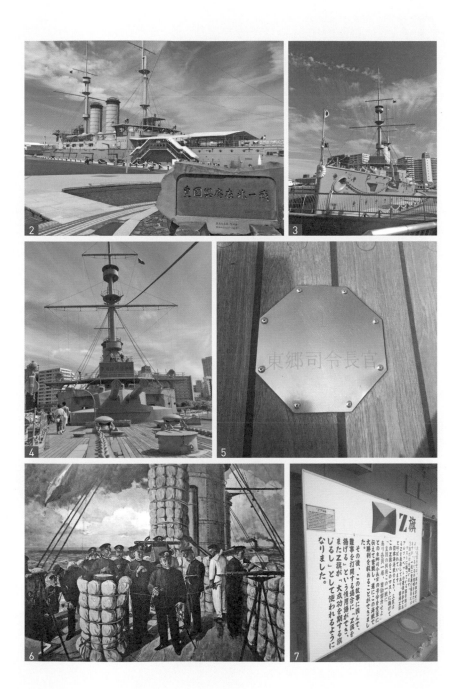

07. 萬木草堂：
康有為的帝師夢話

康有為

　　教科書裡總把康有為和梁啟超兩人等同於「戊戌變法」。很多人總以為兩人與光緒關係密切，甚至康是「國師」，得到親政不久的光緒委以重任，領導變法。但其實近年有歷史考據，指出兩人根本與光緒並不相熟，過往說法有抬舉之嫌。

　　梁啟超十三歲時，決定往外闖，從家鄉新會，前赴省會廣州求學，十八歲時更拜康有為為師，進入一個廣闊的思想天地，而他拜師和求學的地方，就是「萬木草堂」（見圖 1）。草堂門前的文物介紹，也稱這裡為「戊戌變法策源地」。

　　萬木草堂位於廣州市中心，現時在「公園前」和「農講所」兩個地鐵站中間，無論在兩者哪個站下車，步程都只在十分鐘以內。沿著中山四路走，轉入長興里便找到。

　　去到門口，會見到門額上有「邱氏書室」四個大字（見圖 2），大家或會奇怪，不是萬木草堂嗎？為何會變成了邱氏書室？

　　話說這裡原址是清嘉慶九年，由邱氏族人集資所建，以供到廣州考科舉的子弟可以在此溫習，不用奔波勞碌，因此稱為邱氏書室，且族人也可在此祭祀和紀念先祖，一舉兩得。到了晚清，1891年，康有為在廣州講學授徒，租用這裡，開辦學舍萬木草堂。這裡也被一些人視為「戊戌變法」（又稱「百日維新」）的發源地。

　　1895 年，甲午戰敗後，清廷被迫與日本簽訂《馬關條約》，那時剛在北京考試的康有為，率領了包括梁啟超在內千多名同是赴京考試的考生，聯名向光緒上書，反對清廷簽訂這喪權辱國的條約，史稱「公車上書」（因為古代有由公家提供馬車來回接送讀書人以示禮遇，因此「公車」就成為赴京應考的讀書人之別稱）。此事亦被視為維新派登上歷史舞台的標誌。（圖 3 是展覽於新會梁啟超故居紀念館內一幅有關「公車上書」的油畫，站在中間看過去最高者是康有為，坐下揮筆疾書的是梁啟超）

　　但後來有人考據，如茅海建等學者則指出，康的「公車上書」當中有不少自吹自擂的「水分」，其實只有約八十人參加連署，而非康聲稱的千多人，且真正對清廷構成影響的上書，實由當時翁同龢等大臣所發動。

　　另外，大家或許不知道，後來光緒其實只見過康、梁各一次，且之後談不上重用。

　　變法後第五日，亦即 1898 年 6 月 16 日，光緒才首次召見康有

為。康後來逢人便說，光緒見自己時，兩人談了很久，足足有三四個鐘頭。但其實當天光緒見了很多人，據當時刑部主事張元濟所憶述，光緒見康只有一刻鐘（十五分鐘）就結束了，至於談了什麼，外人無從知曉。

更有力的證據是，見面之後，光緒調任康為總理事務衙門章京行走，但是官位僅至六品，較為低級，且康原來便已經是六品，即是沒有升職。相反，後來被稱為「戊戌六君子」中的譚嗣同、楊銳、林旭、劉光第，卻被封四品官「軍機章京」，時稱「軍機四章京」，可見他們才是光緒倚重的變法大臣。

隨後在 7 月 3 日，光緒又召見梁啟超，但結果也差不多，之後亦僅委派其出任同是六品官，辦理京師大學堂譯書局事務。

有趣的是，康、梁兩人之所以未獲光緒重用，可能又與所謂的「天不怕，地不怕，就怕廣東人說北方話」有關（這方面我這個香港人經歷良多）。

康是南海人，梁則是新會人，兩人的「母語」都是廣東話，這為他們在見光緒時，要爭取表現和印象，加添了語言這道障礙。梁那廣東腔，把「考」字說成「好」，把「高」字說成「古」，聽得光緒一頭霧水，簡直是雞同鴨講，試問又怎會得到重用？

到了後來維新失敗，發生了「戊戌政變」，「戊戌六君子」同被殺害，康、梁則逃到國外。康帶著聲稱是光緒給他的「衣帶詔」，四處募捐，得到不少捐款。雖說是政治流亡，但康卻生活奢華，周遊列國，吃得好，住得好，期間還娶了兩位年輕妻子（康一

生共娶了六位妻子），簡直是在度假和享樂。後來有不少學者便質疑「衣帶詔」的真實性，甚至認為是招搖撞騙、斂財之舉。

流亡期間，康梁兩師徒越行越遠。梁的眼界和見識愈來愈廣闊；相反，康卻原地踏步，正如他自己所說：「吾學三十歲已成，此後不復有進，亦不必求進」。梁放棄保皇立場，康視之為叛徒，梁說：「吾愛吾師，吾尤愛真理」，以此明志。到了張勳復辟，康樂於當帝師，並為溥儀草擬復位上諭；相反，梁卻為段祺瑞草擬討逆通電。只能嘆一句「師徒莫問」。

論思想上對後世的影響，康有為遠遠不及梁啟超。

說回萬木草堂，如今現址最搶眼球的是兩尊銅鑄雕像，都是大師潘鶴 2007 年的作品。

其中一尊，大家不會感到意外，那是康有為與梁啟超師徒倆的雕像（見圖 4），放在草堂內的天井，師坐徒立，雕像後方波濤洶湧，寓意當時中國正處於變革的大時代。身為老師的康有為身穿長袍，目光沉著，按著一棟疊得高高的書，寓意他博覽群書和學問淵博，而身為徒弟的梁啟超則身穿西裝，眼眺遠方，寓意他思考和探索中國的未來。

至於另一尊，則是個一手拿著詩文、一手執著大刀的彪形大漢（見圖 5），放在大門右側的花壇邊上，他又是什麼人？他是被大陸尊為「台灣愛國詩人」的丘逢甲。雕像的造型，寓意他能文能武，以及其收復台灣的決心。

丘逢甲在中國大陸之所以出名，源於 2004 年，在人大政協兩會閉幕後的記者會，當被問到台灣問題時，時任總理溫家寶說，明年是《馬關條約》（清廷把台灣割讓給日本）簽署一百一十週年，令他想起了清代台灣愛國詩人丘逢甲，用「血和淚」所寫的詩：「春愁難遣強看山，往事驚心淚欲潸。四百萬人同一哭，去年今日割台灣。」丘逢甲在台灣出生，曾組織當地義軍浴血抵抗日本佔領台灣，但最終失敗，撤退回大陸，〈春愁〉便是這時候的作品，「四百萬人」是指當時台灣的四百萬人口。

溫總實在是一個十分懂得博感情、搞統戰的人，與今天中國的「戰狼外交」相比，實在不可同日而語。

那麼為何又會把其雕像放在萬木草堂門外？大家要記得草堂的前身是邱氏書室，而丘逢甲正是邱氏後人，他退返大陸後，曾於 1896 年 6 月首次到訪萬木草堂，其時草堂已被清廷所取締，樓房也歸還邱家。

眼利的讀者又會問，說丘逢甲是後人，為何他的「丘」，與邱氏書室的「邱」，兩者寫法又會有所不同？話說當年雍正皇帝頒發詔諭，孔子是至聖。孔子名「丘」，為尊敬先師，後人必須避諱，凡姓「丘」的人，必須在旁加上「阝」成為「邱」。民國成立後，丘逢甲大力推動恢復本來姓氏，於是又變回「丘」了。

雖然這裡放有這兩尊頗有歷史故事的銅像，但如今萬木草堂我卻嫌搞得太過商業化，供外人租借來開會和辦活動，亦因而放上大量電子影音器材。那趟我上門造訪草堂時，昔日用來教學的地

方，竟然放上一個五光十色的巨大電子影屏（見圖6），擋在康有為親自題字的「萬木草堂」牌匾以及孔子掛像之前（見圖7）；而正堂「河南堂」，也闢成一間現代化會議室（見圖8），這與大家對萬木草堂的歷史古樸想像，可謂格格不入，實在教人失望。

08. 梁啟超故居與怡堂書室：
建構「中華民族」第一人

梁啟超

　　今天很多人都以為「中國」、「中華民族」源遠流長，是「自古以來」，有著二千年，甚至是五千年歷史，但真相卻可能教大家失望，事實上，古時人們只會叫「大唐國」、「大明國」、「大清國」等，並不會叫「中國」，即使有叫「中國」的，也不是今天的意思。今天意義下的「中國」，以及「中華民族」這些概念的出現，大家或會感到詫異，其實只有短短一百年歷史，那就是由梁啟超所一手創造。梁顯示了什麼叫「觀念改變世界」，就此而言，他可說是清末民初最重要一人。

　　提起梁啟超，大多數人對其認識，可能只限於中史教科書中提到有關「百日維新」和「戊戌政變」那寥寥數筆，並把他簡單概括為一個功敗垂成的改革派政治家，但其實他更重要的歷史角色，反而是一位思想家。不錯，他在政治行動上是失敗了，但在思想

影響上卻十分成功。

　　晚清，列強入侵，知識分子萌生了巨大的危機感，部分人將危機歸咎於「異族」的腐敗統治，因而導至漢民族主義重新興起，激進「革命派」形成，主張「驅除韃虜」；相反溫和「維新派」則主張變法和君主立憲，不同族群間該團結，和衷共濟，更警告革命派的「排滿」主張可能導致國家分裂，以及列強介入和干預的危險。

　　面對革命派以漢族主義和對滿族的仇恨來進行政治動員，滿清統治者以及漢族士大夫，除了接納變法來回應危機之外，亦採納「五族大同」這個族群論述，將自身定位為「五族」（漢、滿、蒙、回、藏）為一體的政府。這跟以往朝代講的「華夷之辨」、「夷夏之防」，大大不同。

　　維新派的梁啟超，更進一步建構了「中國」、「中華民族」，以及「四大文明古國」這些概念，到了後來，無論是國民黨，以至今天的中共，無不依靠他建構的這些民族主義概念，來團結國民，鼓動情感，鞏固政權的合法性，就算是知識分子，以至是一般百姓，都被這些概念入血入骨。

　　1900 年，梁啟超在〈二十世紀太平洋歌〉中提出：「地球上古文明祖國有四：中國、印度、埃及、小亞細亞是也。」

　　1901 年，梁啟超發表〈中國史敘論〉一文，首次提出了「中國民族」的概念。

　　1902 年，梁啟超在〈論中國學術思想變遷之大勢〉一文中正式

提出了「中華民族」這概念，並對「中華」一詞的內涵作了說明：「立於五洲中之最大洲而為其洲中之最大國者，誰乎？我中華也；人口之居全地球三分之一者，誰乎？我中華也；四千余年之歷史未嘗一中斷者，誰乎？我中華也。」

但起初，梁在使用「中華民族」一詞時卻比較混亂，有時單純指漢族，有時又指境內所有民族。直到 1905 年，梁啟超寫了〈歷史上中國民族之觀察〉一文，從歷史演變的角度重點分析了中國民族的多元性和混合性，並下結論說：「中華民族自始本非一族，實由多民族混合而成」。至此，梁啟超才真正完成了「中華民族」一詞的創造和完善。

另外，1900 年，梁在《清議報》發表了〈少年中國說〉一文，號召為「少年中國」而奮鬥；此外，在 1902 年寫了一部政治小說《新中國未來記》，該小說中用上「新中國」這個名稱，並從八國聯軍、東南互保、各省自治，寫到走向共和，建立了「新中國」。

「中華民族」、「中國」這些概念的出現，從此，深刻的改變了世界。

以孫中山為例，在革命早期，於 1905 年 8 月，中國革命同盟會成立，孫被推舉為總理，確立了「驅除韃虜，恢復中華，創立民國，平均地權」的政治綱領，並在中國多處組織起義活動，試圖以武力推翻清政府，驅逐滿人。

但後來，革命成功後，孫卻轉而提出「五族共和」以及「中華民族」論。1912 年 1 月 1 日，中華民國南京臨時政府成立，孫中

山發表了《中華民國臨時大總統宣言書》，提出：「國家之本，在於人民。合漢、滿、蒙、回、藏諸地方為一國，即合漢、滿、蒙、回、藏諸族為一人。是曰民族之統一。」1月5日，孫在《對外宣言書》上，第一次使用了「中華民族」這個稱謂。

這個轉變，有人認為孫是受到梁啟超、楊度、章太炎等大學問家的影響。但當然，這也因為政治形勢和身分轉變而使然。以往，孫要搞的是革命，革命需要的是對立；如今，孫要搞的是管治，管治需要的是團結。

說回梁啟超。

梁啟超是廣東新會人，不錯，就是那個盛產陳皮的地方。我曾經特地到新會茶坑村造訪其故居。如今當局在古樸的梁啟超祖屋旁邊，建了一外貌現代化的梁啟超紀念館，以展覽其生平和遺物，且故居和紀念館共用同一個公眾入口（圖1）。

走進去，大家會看到，左邊是其祖屋，右邊則是紀念館，中間則是其紀念銅像。

梁的紀念銅像高兩米多，一手叉腰，一手握卷，狀在沉思，刻劃了當年他憂國憂民、思考國家民族未來的模樣（圖2）。

梁的祖屋建於清光緒年間，坐落在農舍之間，是一幢古樸的青磚土瓦平房（圖3），入內參觀，可看到堂屋（圖4）、睡房（圖5）等。

但作為一個讀書人，我更感興趣的，自然是梁年幼時讀書識字的地方，那就是「怡堂書室」（圖6），這裡青磚牆壁，紅磚地面（圖

7），頗為優雅。梁乃晚清嶺南書香世代，祖父梁維清是村中唯一秀才，父親梁寶瑛也是一讀書人，兩人就在這裡一起執教鄉里。

梁啟超乃一神童，五歲開始讀儒學經典；八歲能詩能文；十二歲中秀才；十七歲中舉人，還在鄉間留下了不少傳奇故事。

舉個例，其父請來學識豐富的廣州表兄張乙星，在怡堂書室教兒子讀書，並叫兒子斟茶拜師，張早就聽過這名表侄聰穎過人，遂生一念，道：「表侄，表伯今日先出個對聯讓你對，如你對得上，才給你授課，你看如何？」梁知表伯要考其才學，但卻神態自若說：「請表伯出句。」

張喝下一口這個表侄奉上的茶，悠悠地說：「飲茶龍上水。」說罷一臉得意。這時梁看到父親正在旁寫字，遂順口說：「寫字狗耙田。」梁的譏諷讓父親尷尬，正要罰他，張卻說：「對得好，表侄有此急才，果然名不虛傳，不愧神童也。」原來「龍上水」是地方俗語，意即一口氣喝下；而「狗耙田」也同是地方俗語，意即亂寫亂畫，因此對得十分工整。

還有一段廣泛流傳的故事，梁祖屋後有座小山，叫坭子山，山上有座塔，叫坭子塔，又叫凌雲塔（見圖 2 銅像背後山上那座塔），有說梁童年時常和小朋友登上凌雲塔眺望風景。11 歲時，他寫了一首詩〈登塔〉給祖父看：

朝登凌雲塔，引領望四極。

暮登凌雲塔，天地漸昏黑。

日月有晦明，四時寒暑易。

為何多變幻？此理無人識。

我欲問蒼天，蒼天長默默。

我欲問孔子，孔子難解釋。

搔首獨徘徊，此時終難得。

此詩無疑很能襯托出年幼時的梁啟超已經胸懷凌雲之志，只可惜，卻「too good to be true」（好得難以是實）。後來有人考證，更提出質疑，說遍查梁啟超自編的《飲冰室合集》，發現並無收錄此詩，且查詢梁氏之子，也說從無見過此詩，再後來，更有人考證出，其實這是詩人容忍之所作。

茶坑村以至新會，對梁啟超而言，委實太小了，於是他出外找尋新天地，十三歲時到了省會廣州，其後入讀當時當地的高等學府「學海堂」，更在這裡考第一。十八歲再到著名的「萬木草堂」，拜康有為為師，踏入一個更廣闊的天地。

1889 年，清廷禮部尚書李端棻以大學士身分到廣東任鄉試的主考官，期間他特別賞識考生梁啟超，最後更決定親自將堂妹李蕙仙許配，促成了一段本來也算是門第懸殊的京廣姻緣。

兩人成婚後，1892 年夏返鄉見梁的父母，在這個新會茶坑村老家住了一年多，略盡孝道。也因為只是短住一年，所以並沒有在梁家祖屋內闢室供住。反而，在怡堂書室，左右各有一耳房，

左耳房為書塾先生臥室，而右耳房（見圖 8）正好供梁啟超與新婚妻子暫住，後來，長女梁思順也是出生於此。李氏這位本來嬌生慣養的北京千金小姐，卻對這陋居安貧樂命。

李氏從北京千里迢迢南下來到廣東農村，不單語言不通，起居習慣迥然不同，且天氣潮濕悶熱，生活實在難過，但難得這位千金小姐卻親自挑水、舂米、煮飯，毫無怨言。這時梁親母已經去世六年，繼母只比這位媳婦年長兩歲，但她恭敬有加，沒有絲毫傲慢，因此深得繼母歡喜，把她當作親生女看待。

不單賢慧，李氏更生性俠義，遇事能決。戊戌變法失敗，梁啟超亡命日本，李氏帶著女兒思順避難澳門，後來家翁一家也赴澳門避難。當時處遇艱險，李氏不單撫養幼女，也替丈夫侍奉家翁一家，讓梁深深感動，家書內寫道：「大人（即父親）遭此變驚，必增抑鬱，惟賴卿善為慰解，代我曲盡子職而已，卿素知大義，此無待餘之言，惟望南天叩托而已。」

梁曾經說：「結婚以後，常受夫人之策勵和幫助。年輕時無錢買書，夫人便將陪嫁時的首飾變賣給了丈夫。中年時，屢遇艱險，夫人以大義鼓勵他的勇氣。」後來，袁世凱復辟帝制，梁祕密赴西南，與蔡鍔等組織護國軍討袁，深夜訣別時，夫人不僅沒有哭哭啼啼，還慷慨大義地對丈夫說：「上自高堂，下逮兒女，我一身任之，君但為國死，無反顧也。」

李氏替丈夫生了四個孩子（其餘子女為側室王桂荃所生），其中一個早夭，其餘三位分別是思順（詩詞研究專家）、思成（中國

殿堂級建築學者）、思莊（北大圖書館副館長），俱為傑出人才。

難怪梁啟超說自己與夫人的結合是「美滿姻緣，百年恩愛」。

上篇談到，康有為和梁啟超乃廣東人，起初只能講得一口蹩腳國語（我也是一樣），讓他們失去獲得光緒重用的良機。梁向別人說，後來他是靠跟夫人李蕙仙才學好國語。因此，梁後來靠四出宣揚維新思想，取得巨大的名聲和成就，這位夫人實在也有一份功勞。

在故居旁邊，如今建了一外貌現代化的梁啟超紀念館，這個紀念館由中國工程院院士、中國建築大師莫伯治設計，建築形式中西合璧，當中隱約看到梁晚年定居天津時所住的「飲冰室書齋」之影子，館前更設置了一個魚池，水中見倒影，讓景緻更加優美（圖9）。

館內展覽了梁啟超生平，大家可以從中了解這位巨人的一生，當中也看到他在議政時期的得意之作，包括「戊戌政變」之前，在上海創辦的《時務報》（圖10），當時他以此鼓吹「變法圖存」，撰寫了著名的〈變法通議〉等重要文章，為維新運動宣傳造勢；以及，「戊戌政變」之後，他流亡日本時創辦的《清議報》（圖11），在此他撰寫了〈少年中國說〉、〈戊戌政變記〉等重要文章，並攻擊專制朝廷，宣傳反滿，鼓吹民權自由等，《清議報》行銷海內外，讓梁聲名大噪，聲望日隆。

就連毛澤東，在論及梁啟超時，都予以稱讚，說他最輝煌的時期為《時務報》和《清議報》的幾年，並說他寫的〈變法通議〉在《時務報》上連載，立論鋒利，條理分明，感情奔放，痛快淋漓，是當時最有號召力的政論家。

09. 譚嗣同故居：
去留肝膽兩崑崙

譚嗣同

　　享譽國際的大作家米蘭・昆德拉逝世，人們紛紛撰文悼念。他那句「人類對強權的抗爭，就是記憶與遺忘的鬥爭」，可謂膾炙人口，擲地有聲。只可惜，其捷克同胞對他的評價，卻跟世人迥異，為的是，他們怪責，當年祖國危難時，昆德拉選擇了走。

　　據說，老一輩捷克人談到昆德拉時，流行一句嘲諷：「哈維爾選擇坐監，後來當了總統；昆德拉選擇出走，後來當了作家。」

　　「留」或「走」，在某些歷史時空，會成了抉擇時感情和道德上的兩難。更甚的是，這可能會演變成雙方的激烈爭拗，甚至上綱上線。近年香港人對此都不會感到陌生。

　　身處這樣的歷史時空，無疑是悲哀的。當有一天大家再沒有去留的包袱，不再為此糾結，那才意味真正的「復常」。

這裡，我想跟大家分享「戊戌六君子」之一譚嗣同的故事。（圖1攝於武漢辛亥革命紀念館內，乃「戊戌六君子」的畫像，左起林旭、譚嗣同、劉光第、康廣仁、楊銳、楊深秀）

清末，戊戌政變，維新運動功敗垂成，維新派紛紛逃亡，包括大家熟悉的康有為和梁啟超，人們力勸譚嗣同也立即要走，但他卻斷然拒絕，從容就義，說：「各國變法，無不從流血而成。今中國未聞有因變法而流血者，此國之所以不昌也。有之，請自嗣同始。」

譚嗣同選擇「留」，但他卻絲毫沒有怪責「走」的人，反而指出大家各有使命、各有角色。後世流傳，譚拒絕出走時，向勸者說：「不有行者，無以圖將來；不有死者，無以召後起」。

這兩句話義薄雲天，情理並茂，令人動容，只可惜，若然大家翻翻梁啟超的《戊戌政變記》，當中「殉難六烈士傳」一章，有關譚嗣同那部分，那個版本是「不有行者，無以圖將來；不有死者，無以酬聖主」，且提到具體場景，是譚到日本使館探望窩藏的梁啟超時對他說的。

兩個版本不同，前者保皇，後者革命，但查實前者出於黃鴻壽所著《清史紀事本末》，出版於民國四年，此時清朝已亡，若說「無以酬聖主」，無疑不合時宜，政治不正確，或許因此而修改成「無以召後起」。考慮到梁啟超是第一身說法，「無以酬聖主」該較為可信。

無論如何，譚嗣同選擇「留」，但卻沒有怪責人「走」，反而

指出留者去者，各有其責，各盡其分，這該是可信的。後來，他在獄中又寫下了絕命詩，當中有傳誦千古的兩句：「我自橫刀向天笑，去留肝膽兩崑崙」，意思以及胸襟，與前述十分一貫。

我覺得譚嗣同的看法和胸襟，對於今天十分有時代意義。

無論「留」或「走」，都各自有各自的限制。每個人有每個人的抉擇，每個人有每個人的崗位。我的底線是，你可以少講，甚至不講，只要不去指鹿為馬，助紂為虐，那就可以。

因為這些詩，我對譚嗣同心生景仰，於是去探訪了他那位於湖南省瀏陽市的祖屋兼故居，以作憑弔和致意。

跟本書介紹的大多數名人故居不同，譚的祖屋並非位處一隅，而是在市中心的大街，因為譚父譚繼洵，本就是清廷大官，官至湖北巡撫兼湖廣總督。

走到大門，會先見到譚嗣同的銅製頭像（見圖 2），再進，便見中堂屋，這裡懸掛了一塊大牌匾，上題「巾幗完人」四個大字（見圖 3）。這塊牌匾大有來頭，是康有為和梁啟超，於譚嗣同夫人李閏六十大壽時，合送給這位遺孀的，以作表揚。李在同年病逝，還幸及時得到這份安慰。只可惜，牌匾毀於文革，現時這塊乃複製品。

為何康梁兩人對李評價這麼高？話說，譚死後，李傷心欲絕，取丈夫絕命詩中那一句「忍死須臾待杜根」，自號「臾生」，並寫詩道：「前塵往事不可追，一成相思一層灰，來世化作採蓮人，與

君相逢橫塘水」。但李卻沒有只曉自憐自傷，反而化悲憤為力量，奉獻餘生給公益和婦女事業，創辦了市內第一間女子師範學校，又創辦了育嬰堂，照顧被遺棄女嬰。

再走進去，會見到「大夫第」的牌匾（見圖4），大夫第即大夫的府第，譚父官位顯赫，清廷因此賜封大夫的稱號。

譚嗣同其實出生於北京，生平大多數時間在外，直到十三歲才回鄉，給母親掃墓，之後留在故鄉學習，但在這裡其實只不過住了兩三年（圖5是其臥房，圖6是其書房），反而夫人李閏在這裡住了二十多年（圖7是其臥房），如前述，奉獻餘生給丈夫故鄉。

譚書房內放了「雷殘琴」和「崩霆琴」（見圖8，乃複製品，原件分別收藏於北京故宮博物院和湖南省博物館），話說譚家裡庭院中長著兩棵高約六丈的梧桐樹，其中一棵被雷劈倒，譚以這株梧桐樹的殘幹製成了這兩張古琴。

圖9是譚父譚繼洵的臥房，牆上是其畫像。維新失敗，譚嗣同自知必死，但卻怕諸連父親，於是模仿其筆跡，替父親寫了封「訓子家書」，撇清關係，並放在書房裡。他知道官兵來搜查時，必會發現此信，因此這封信其實是寫給慈禧看的。信中寫道：「你大逆不道，屢違父訓，妄言維新，狂行變法，有悖國法家規，故而斷絕父子情緣。倘若不信，以此信作為憑證，爾後逆子伏法量刑，皆與吾無關。　譚繼洵白」。結果，真的救了父親一命，譚父只是被罷官，沒有被殺，且於此終老。

要看譚嗣同的生平和史料，得步行十多二十分鐘，走去附近的譚嗣同紀念館（見圖 10）。這裡門口也有譚的銅製頭像，背後更刻上其前述絕命詩（目圖 11）。

進內看展覽時，最吸引我的，是譚嗣同和傳奇俠客「大刀王五」的故事，譚跟王習武，兩人亦師亦友，成了忘年交（見圖 12，攝自館內展品）。戊戌政變後，王力勸譚出走，且要幫他殺出重圍，卻遭譚拒絕，譚把自己的鳳矩劍贈王，以紀念這段友誼（見圖 13，攝自館內展品）。順帶一提，這把鳳矩劍其實大有來頭，它曾是南宋愛國名將文天祥的佩劍！

年幼時看電視劇，TVB 有一套《近化豪俠傳》，題材是有關清末民初的俠客，還記得首集講的，就是大刀王五和譚嗣同的故事，當時演王五的是王青，演譚嗣同的則是如日方中的劉松仁，劉演出譚一身的儒雅和英氣。

譚嗣同被處斬後，家人親友皆不敢去收屍，結果由瀏陽會館老長班劉鳳池，以及王五、胡七等武林人士，合力悄悄收屍，並送其靈柩回湖南瀏陽老家安葬（圖 14 是譚嗣同墓的照片，翻拍於館內展出照片），這些人都可謂忠肝義膽，無愧於俠義。

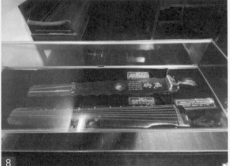

譚嗣同就義後，由瀏陽會館長班劉鳳池收殮其遺體，將靈柩暫存館內，后由其侄譚傳贊扶柩回瀏，葬于牛石鄉翟水村（今荷花街道嗣同村）。圖為嗣同墓。

10. 孫中山故居：
一樑得所，五桂安居

孫中山

孫眉

　　孫中山的孫氏祖屋，正門上掛上了一副房子落成後他親筆書寫的對聯：「一樑得所，五桂安居」，意思就是房梁安了在適當的地方，其它物件自然就能平穩地安放了。

　　這比喻解決問題要抓根本，根本問題解決，其它問題也就迎刃而解。我相信，這也是孫對革命和建立共和的看法。其實，毛澤東在《矛盾論》中也說過，搞政治鬥爭，要分清楚「主要矛盾」和「次要矛盾」，先抓主要矛盾。兩人雖然具體政治主張不盡相同，但有關做事的哲學，其實卻異曲同工。

　　晚清，廣東雖然位處東南一隅，遠離首都北京，但卻對全國政治起了重大影響，出過不少叱吒風雲的政治家和思想家，例如太平天國洪秀全（還有東王楊秀清和南王馮雲山）、「百日維新」的

康有為和梁啟超、民國國父孫中山（及其革命黨同鄉如陸皓東），以及民國首位總理唐紹儀等，他們都是廣東人。廣東人才輩出，這與廣州是《南京條約》後中國被迫開放的五個通商口岸之一，十分有關，廣東人因此很早便能夠接觸到西方，得到啟蒙，思想及政治上變得前衛。今篇談的是孫中山先生。

不同於中國史上很多開國梟雄，如劉邦、李世民、趙匡胤、朱元璋、毛澤東等，孫中山並不懂帶兵打仗，只是一介文弱書生，且比起同盟會兩大幹將，論身先士卒、衝鋒陷陣，不如黃興；論深謀遠慮、決勝千里，不及宋教仁。他行政管理不佳；不善理財；做事獨斷獨行；作風並不民主。民國成立，推舉臨時大總統時，國學大師章太炎更說：「論才，當屬宋教仁；論德，當屬汪精衛；論功，當屬黃興」，就是不把孫放在眼內。

那麼，孫中山又是否真的毫無過人之處呢？那當然不是，他有兩大強項：

第一，是其口才，他口若懸河，說服無數人跟隨他革命，所以他又被稱為「孫大炮」。所謂「大炮」，源於廣東話「車大炮」，意指吹牛。孫更提出了「三民主義」這政治論述，為革命黨人提供完整的理論基礎，這方面他超越了其年輕時的偶像洪秀全（孫年輕時曾自喻為「洪秀全第二」），洪只能靠歪曲宗教、穿鑿附會；

第二，是其籌款能力，讓革命黨有錢買武器、搞宣傳、策動起義（圖11是他發行的革命債券，上面那張是英文，因用來在美國籌款，此乃孫中山紀念館內的展品）。當然要能說服別人捐款，這

跟前述其口才，自然又息息相關。

這些才能，都讓孫中山聲名大噪，尤其是海外。

講到口才、理論、籌款三者俱佳，孫中山實在又要多謝一個人，那就是其長兄孫眉。

很多人都知道，孫中山的故鄉是廣東省中山市翠亨村，現時那裡已經被建設成愛國主義教育基地，門口會見到他寫的「天下為公」四個大字（見圖1）。

走進去即會見到孫氏祖屋，那是一棟兩層高的紅色磚木樓房（見圖2），揉合中西建築風格，外有一道圍牆環繞庭院（見圖3），倍添矜持和優雅。祖屋外貌為西式建築，有紅牆、白線、綠釉瓶式欄杆，上下兩層前廊同有7個連續拱門，屋頂正中飾有光環，下塑一隻口銜錢環的蝙蝠，中國傳統建築每見蝙蝠，取其「福」的發音和寓意，例如漆上五隻蝙蝠於門前，使是五福臨門，但此一時彼一時，今天我們見到蝙蝠，卻只會想起SARS和新冠等病毒源頭，不禁打個冷顫。

祖屋內部則是中式傳統設計。下層中間是堂屋（見圖4），這裡的擺設是孫中山親自布置的，內裡都是木傢俬，且有舊式官宦富貴人家家中常見、寓意福壽安康的木雕刻，廳的正中掛上孫中山的照片，至於其父母的照片則掛在兩旁。廳後是孫母臥房，以及左右兩個耳房，右耳房是哥哥孫眉住，左耳房則是孫中山住（見圖5），有他當年用過的大木床、梳妝台和椅。這一層樓四面均有門口通向外面，廚房（見圖6）及盥洗室（見圖7）則設在屋外。

屋的上層沒有對外開放（我猜是因為結構安全問題，不想太多遊客擠上二樓），這裡有一個書房（見圖8，照片翻拍自孫中山紀念館內展品），有孫日常使用的書桌、椅子，和鐵床。1894年初，孫在這裡起草了《上李鴻章書》，提出了「人能盡其才，地能盡其利，物能盡其用，貨能暢其流」等改革主張，但可惜，後來孫與陸皓東赴天津求見李鴻章不果，孫從此對清廷再無寄望，走上革命及共和之路。

從中可見，這棟孫氏祖屋也算頗有規模，那麼孫中山是否出自富貴人家呢？

其實，孫中山幼年家貧，如今在祖屋不遠處，館方仿造了一間他幼年時的故居（見圖9），當中頗為簡陋，與祖屋可謂有天淵之別。後來，家計實在難以支撐下去，大他十二歲的長兄孫眉，遠赴檀香山當華工謀生。孫眉起初在農場打工，後來開墾了自己的農場，且經營得法，生財有道。前述家鄉裡這棟孫氏祖屋，便是由孫眉寄錢返鄉建成。

這位長兄實在是孫中山一生裡的大貴人，多得他匯款回家，家境才慢慢好轉，甚至可以建祖屋。而孫得以上學，後來甚至負笈檀香山讀書，都拜長兄的財政支持所賜，孫中山有見識，有理論，口才好，尤其是習得一口好英文，對他之後的革命活動，尤其是爭取「外國勢力」支持，幫助很大。孫眉後來又不斷以金錢資助弟弟的革命事業，是他的重要金主之一，又在他失敗時作出鼓勵，最後更將在檀香山經營數十年的事業全部結束，傾家蕩產支持革

命。到革命成功後，弟弟做了臨時大總統，他又沒有趁機謀取一官半職，實在讓人欽佩。

孫氏祖屋旁邊，建有孫中山紀念館（見圖 10），當中有他及其家族生平的展覽，也展出了他不少遺物，可供大家進一步認識這位歷史巨人。

1

11. 孫中山大元帥府：
革命不在一時順逆

孫中山和宋慶齡＠大元帥府

　　從南京退回廣州，再到兩進兩出大元帥府，顯示就算成立了民國，孫中山的革命事業並沒有變得一帆風順，相反道路仍然崎嶇不平，就算到他死時，遺囑仍是：「革命尚未成功，同志仍需努力」。這告訴大家，革命不會一蹴而就，總會潮漲潮退，有起有落，革命不在一時順逆。若然時代遍地磚瓦，大家也要曉得接受蹣跚而行。

　　如果想一睹孫中山當年的生活和工作面貌，除了上篇介紹位於廣東省中山市翠亨村的孫氏祖屋之外，在上海也有一處孫的故居。此外，孫在廣州也有過兩處官邸，分別是總統府，以及大元帥府，但前者在 1922 年廣東軍閥陳炯明發動兵變（即所謂「六一六事變」）時，已遭炮轟夷平，剩下來只有後者，大元帥府也是現存孫居住過的遺址中，最具官邸氣派的一處。

孫中山的一生以及革命事業，同樣顛簸，建立民國，在南京就任臨時大總統之後，並沒有從此安享太平，一帆風順，只是換了對手周旋。為了換取仍然手握重兵的袁世凱支持共和，孫選擇讓出臨時大總統一職，但袁就任後，雙方矛盾依然尖銳。

1913 年，孫陣營內第三號人物宋教仁，在上海火車站出發赴北京出任總理時被刺殺，孫發動「二次革命」討袁，但卻以失敗告終，孫流亡日本。後來，袁世凱索性稱帝，換來全國討伐，袁於1916 年含恨而終，但政權仍由北洋軍閥把持。

1917 年，孫中山以段祺瑞違反《臨時約法》，提出「護法運動」以及北伐，並在廣州建立革命政權，自任陸海軍大元帥，但可惜各方卻反應冷淡，遂有「政令不出士敏土廠（大元帥府）」之說。翌年，孫黯然離開廣州，前赴上海，閉門謝客。

後來，幾經轉折，1923 年，孫再次在廣州出任陸海軍大元帥，這次他甚至籌辦一間軍校，以建立一支政治化的軍隊，服膺於革命，且聽他指揮，以便為革命和北伐，打下更好的根基，這就是著名的黃埔軍校（隨後有專門一章介紹）。

在以上兩段孫中山出任陸海軍大元帥日子，他都住在大元帥府，大元帥府最初設在東郊黃埔公園，後來遷府到市內一西洋建築群，這裡前身是建於清朝光緒 33 年（1907 年）的廣東士敏土（即水泥）廠，其原生產規模僅次於天津開平水泥廠，屬當時國內第二大。

這棟大元帥府保存至今，現開放供外界參觀，它位於如今廣

州市珠海區，最近的地鐵站是「市二宮站」，但步行至此有一段距離，反而有多條公車線可直達，因此還是坐公車比較划算，當然也可以直接叫計程車到來。

大元帥府大門左右邊有相互對稱的「五蝠拱壽」圖案（設計和寓意上篇有談），中間有一塊「大元帥府」的木匾（見圖1）。帥府前面有個大廣場，廣場上豎立了身穿戎裝的孫中山大元帥銅像（見圖2）。

步入大元帥府，會先後見到北樓和南樓，兩棟都是三層高，由磚、木、石、鋼、混凝土建成的黃色建築（見圖3）。每層四面都有拱券式涼廊，混入百葉門窗、花瓶式護欄、騎樓等建築特色，集西洋和嶺南建築風格於一身（見圖4）。孫中山其中一張廣為流傳的照片（見圖5），便是在1924年春，攝於大元帥府這拱券式涼廊之上，旁邊還見到那花瓶式護欄，如今也成了大家所熟悉，台灣壹佰圓面額鈔票上的圖像。

北樓如今用作展覽，而至於南樓，則有一個主題為「帥府百年」的陳列，當中復原了各個房間的原貌，重現了孫中山當年在此辦公和生活的情景。

一樓的房間包括參軍處、衛隊宿舍、武器庫、收發室、金庫、醫官室等。

二樓的房間則包括總參議室、參謀處、祕書處、大元帥府公報編輯發行室。而前三者是大元帥府三大職能中樞，現分別介紹如下：

總參議室（見圖6）是總參議辦公的地方，國民黨要員胡漢民，曾任大元帥總參議，孫出外時由胡代行大元帥之職，如今室內的塑像，就是胡漢民，當年他與廖仲愷和汪精衛，是孫晚年的三大得力助手，輩份要比蔣介石還高。

參謀處（見圖7）則負責為孫中山研究作戰形勢，制訂作戰計畫，部署軍事行動，蔣介石曾任大元帥府參謀長，如今室內的塑像就是蔣介石。

祕書處（見圖8）則負責所有文件和命令的起草，召開和紀錄會議，廖仲愷曾任大元帥府祕書長，如今室內的塑像就是廖仲愷。

三樓的房間則包括會議室、孫中山辦公室、臥室、盥洗室、餐廳、小客房、無線電報室。

會議室（見圖9）是孫中山召集軍政要員開會，接見各界代表的地方，孫晚年主張聯俄容共，他在這裡曾接見過中國馬克思主義之父、中共創黨元勳李大釗，以及共產國際代表鮑羅廷。

孫中山辦公室（見圖10）是他處理日常事務的地方，確立聯俄、容共、扶助農工三大政策；籌建黃埔軍校；策劃北伐；手書《建國大綱》，都是在這裡。

臥室（見圖11）是孫兩夫婦休息的地方，也是宋慶齡辦公的地方。如今室內的塑像就是他兩夫婦。

餐廳（見圖12）是孫兩夫婦用膳、宴請的地方。

　　小客房（見圖 13）是孫兩夫婦接待家眷親友的地方，宋美齡到訪時，宋慶齡就是招呼這位妹妹住在這裡。

　　盥洗室（見圖 14）是孫兩夫婦專用，孫熱愛研讀地圖，就連盥洗室也要懸掛地圖，以備他隨時查閱（見圖 14 左邊）。

12. 中山陵：
落定塵埃我為公

孫中山靈堂　　　　　孫中山遺照

　　1925 年 3 月 12 日，孫中山先生病逝北平，臨終前他提出要葬於南京，說：「吾死之後，可葬於南京紫金山麓，因南京為臨時政府成立之地，所以不可忘辛亥革命也。」

　　其實早於 1912 年 4 月，當孫中山剛辭了臨時大總統職務，有一朝早上，他約了胡漢民等國民黨要員騎馬去紫金山打獵，他在登上紫金山時遠眺，頓覺心曠神怡，就向同行人說：「候他日逝世，當向國民乞求一塊土，以安置軀殼耳！」所以到他臨終前，已是第二次提出，國民政府又豈會怠慢。

　　因此孫中山死後並沒有立即就地入土為安，而是把遺體暫厝在北平西山碧雲寺寶座塔的石龕內，等待在南京覓地建陵，並就陵墓進行設計和建造。國民政府決定以國葬（後又改為黨葬）的規格徵集陵園設計方案，結果，31 歲的留美年輕建築師呂彥直的方案脫穎而出，工程於孫逝世一週年後動工，再歷時三年竣工。只可

惜，期間呂卻因癌症而英年早逝，沒能看到陵園最後大功告成。

1929 年 5 月尾，國民政府在南京為孫中山舉行隆重的「奉安大典」。孫的遺體由北平以火車專列運到南京，列車沿途停靠各站，當地黨政軍警及社會團體恭候致祭，車站上皆人頭湧湧，悼念人潮絡繹不絕。

到了南京後先公祭三天，6 月 1 日，奉安大典正式舉行，孫的遺體運往紫金山麓新建的中山陵安葬，沿途站滿近五十多萬市民，目送這位政治巨人的最後一程，有人更早於凌晨四點便到來守候。在中山陵入土為安，典禮完畢後，獅子山炮台響起 101 響禮炮，全國民眾停止工作，默哀 3 分鐘，12 時正，奉安才告完畢。

據說南京紫金山麓是風水龍脈，事實上三國時代的孫權和明代開國之君朱元璋這些帝王，都是葬於此。國民黨的大老如廖仲愷、汪精衛、戴季陶也都是葬於此。蔣介石生前也希望去世後葬於中山陵附近，但最後因國府遷台，未能如願。反而孫夫人宋慶齡生前卻囑咐她去世後不要把她葬於中山陵，而是回到上海萬國公墓，葬於父母身邊。

再說說中山陵的整體建築設計和布局。

中山陵正南面，有一銅鼎「孝經鼎」（見圖 1），乃由當年國民黨元老戴季陶和國立中山大學全體同學為表達對孫中山的敬仰和懷念之情，捐資鑄造。鼎內藏四方銅碑，上刻戴太夫人所書《孝經》，因而取名。

孝經鼎旁邊，就是中山陵墓道南端的入口處，這裡豎立了一牌坊「博愛坊」（見圖 2），謁陵憑弔者須路經此坊。孫中山生前最喜歡將「博愛」兩個字寫以贈人，牌坊橫楣上鐫刻的「博愛」二字，就是出自孫的手筆。

過了博愛坊，不久就走到著名的「中山陵石階」（見圖 3），石階共有 392 級，8 個平台。392 級石階象徵當時全中國的 3 億 9 千 200 萬人。

不久便到了陵門，陵門上方，鑲有一方石額，上刻孫中山手書「天下為公」的四個鎏金大字。這四字出自《禮記》之「大道之行也，天下為公。」孫將「天下為公」借用為對「民權主義」的解釋，說明政權為平民百姓公眾所共有。陵門兩旁有一對白色石獅守護（見圖 4），姿態威武。

石階兩旁有好些陳列，讓大家一路走來也目不暇給，例如第六層平台，兩側安放著上海市政府為紀念奉安大典捐獻的銅鼎一對（見圖 5），上刻「奉安大典」四個篆字：第七層平台則放著另一對石獅（見圖 6）。

當大家走得汗流浹背，捱過了 392 級石階，終於到了中山陵主體建築的祭堂（見圖 7），這個祭堂建築宏偉，外部全用花崗石砌成，祭堂三座拱門，門楣上分別刻有三民主義裡「民族」、「民生」、「民權」的字樣，由國民黨元老張靜江書寫六個鎏金篆字，在中門上則刻上由孫所手書「天地正氣」四個鎏金大字（見圖 8）。

祭堂中央供奉孫中山的白色坐像，他身穿長袍馬掛，手持一長卷，凝視前方，讓人感受到其憂國憂民的情懷（見圖9），身後是通向墓室的墓門。祭堂東西護壁大理石刻著孫中山手書的遺著《建國大綱》和胡漢民書寫的《總理遺囑》。

至於墓室，除了重大節慶，一般不對外開放。內裡擺放了孫的白色臥像，之下埋下的銅棺安葬了孫之遺體。

據統計，中山陵的遊客量每天都達到近三萬人，週末週日則日接近五至六萬，所以這裡總是人頭湧湧。畢竟，孫中山是僅有國共兩黨都推崇備至的政治領袖。

後來有人到此謁陵，寫下一詩作紀念：

濟世英才曠世雄，

黎民遠客謁南鐘，

功高不用碑文顯，

落定塵埃我為公。

103

13. 黃興故居：
有史必有斯人

黃興與孫中山

　　清末民初革命領袖黃興，有兩句格言：「功不必自我成，名不必自我立」。

　　這讓我想起以故香港民主運動領袖司徒華，他也說過兩句類似的話：「成功不必在我，功成自然有我」。「華叔」說，成功不是目的，信念才是。

　　我的好友、「佔中三子」之一的陳健民，也跟大家分享過弘一大師的故事。大師當年要赴淨峰寺，因為路途凶險，弟子紛紛勸阻，但他還是執意前去。後來去到，因為種種因緣，最後仍是要無奈離開，臨走前他覺得遺憾，好像一切也是白費，但再細想，又覺得並非如此，就像他在寺裡栽種植物，其意義不在於要自己看到開花結果。於是他寫下這四句：「我到為植種，我行花未開。豈無佳色在？留待後人來！」

很多時候，偉大的事業，路途難免艱辛，如果沒有無私精神，事事計較，就只會更難功成。

但歷史會是公正的，正如黃興逝世時，國學大師章太炎為他題了一對輓聯：「無公則無民國，有史必有斯人」（見圖1）。

不錯，「有史必有斯人」，或許，這是今天對很多人來說的最大撫慰。

黃興是何許人？

同盟會早期，除了孫中山這位領導外，還有文武二將，文是宋教仁，武是黃興。孫十次革命起義，黃興參與其半，且是在陣前出生入死那一種。不單如此，他為人腳踏實地，實事求是；不考慮小我，只著眼大我，這些都是其為人稱譽的作風和品德。

黃興乃湖南人，生於長沙市郊的祖屋。這屋建於清朝同治年間，前有水塘和護莊河，後有花園，可見黃興乃來自大戶人家。

我曾到訪過黃興這祖屋兼故居，走過院前的水塘和護莊河，會見到一道八字形風火牆槽門，門額大書一「乾」字，兩側則為「惠風和暢」以及「化日舒長」的對聯（見圖2），槽門頂部正面和背面分別有「鯉躍龍門」（見圖3）和「鹿鶴同春」的吉祥圖案。

走進宅院，院內青磚鋪地，古樸厚重，大門上的「黃興故居」四字，由國民黨元老廖仲愷之子廖承志（他則屬共產黨）所書，門上亦有文房四寶和梅蘭菊竹的彩繪，以及「蒙慶受福」和「長樂永康」的對聯（見圖4），以上都展現了農村士紳階層對幸福生活的寄

望，以及耕讀傳家的家風。

　　走過了兩道門，昔日客人若然來訪，至此仍未可得見主人，還要在中道門外，兩旁那長約3米的長櫈（見圖5），歇息稍候。隨了節慶或貴賓到訪，中門並不打開。

　　裡面是天井，之後才是正堂屋（見圖6），這裡除了是會見貴客，也是家庭重要聚會，及舉行祭祀活動之處。這裡的傢俱在農村而言可謂十分名貴，椅上常有雕花和嵌上大理石（見圖7，另外，在偏廳中的桌椅同樣精巧，見圖8）。

　　正堂屋的兩邊分別是黃興父母（見圖9）和黃興自己的房間（見圖10），兩間房分別都有一個被稱為「鎮屋之寶」的「紫檀高浮雕博古雙門大立櫃」（見圖11），這是一套兩件，由被稱為「木中之王」的紫檀木所造，一棵紫檀樹大概要生長800年才能成材，且在十棵中才有一棵實心可用，足見其珍貴。櫃上有文房四寶、如意祥雲等浮雕，倍添精巧名貴。

　　這裡昔日也設有私塾（圖12），名為「勸學齋」，僱有老師向孩子教學，足見其家族之重視後代教育。現時房內牆上還掛著黃興童年時讀書和習武的畫像（見圖13、14）。

　　這樣一間美輪美奐的祖屋，最後卻給黃興變賣了！是什麼原因？是因為他敗家？

　　在黃興這祖屋的正堂屋（見圖6）裡，如今牆上掛上由他親書的「篤實」、「無我」四字（見圖15、16）。其長孫黃偉民透露，

1912年，黃興要長子黃一歐辭去少將職務，去美國讀書，說國家如今缺少的不是官員，而是真材實學的建設人才。在赴美前夕，黃興寫了一幅橫批「篤實」給兒子，又寫了另一橫批「無我」，給同赴美留學的女兒黃振華，勉勵兩人，從此，這兩條就成了黃興的家訓。

終其一生，黃興確是以身作則，向子孫及世人，展示了這兩項品德，尤其是在革命事業中的無我。

就是因為無我，黃興才會賣了祖屋。

生於農村大戶，家族擁有龐大田產，再加上22歲考中秀才，黃興其實完全可以無風無浪在鄉中安穩做個士紳，但他卻因傷心國事，毅然投身革命事業，甚至變賣了莊園、田產，以及前面介紹過這棟美輪美奐的祖屋，把錢全用作支援革命事業。農村有俗語謂「崽賣爺田不心疼」，但在大義之前，黃卻甘願負上「敗家子」的惡名。

革命之初，孫中山發起成立「同盟會」，把當時三大革命勢力：「興中會」（孫中山等的廣東幫）、「華興會」（黃興和宋教仁等的湖南幫）、「光復會」（蔡元培、陶成章、徐錫麟、秋瑾等的江浙幫），合併成新組織。到了選會長，當時「華興會」比「興中會」更人多勢眾，要投票一定可以贏，但黃興卻一力推舉孫中山，幫孫樹立了領導地位。之後，同盟會內出現了幾次反孫浪潮，均為黃興所勸阻。

到了辛亥革命爆發，民國臨時政府倉卒成立，要推舉臨時大總

統，章太炎說「論才，當屬宋教仁；論德，當屬汪精衛；論功，當屬黃興」，當時汪尚在清廷獄中，宋則與黃份屬兄弟，而黃更有相當數目支持者，但黃興卻再一次堅決要把大位讓給孫中山。

在《中新網》一篇訪問黃興孫女黃健齡的文章中，記者提到一筆，一直跟隨黃興搞革命的長子黃一歐對他讓位不解，問父親說既立了那麼大功勞，怎麼還要謙讓呢？黃興以前述兩句回答：「功不必自我成，名不必自我立。」

從以上幾件事可以看到，黃興實在是淡薄名利，一生貫徹無我。

金庸小說裡有「九指神丐」，而民國史上則有「八指將軍」，兩者不同的是，洪七公發狠切下手指，是因為要戒饞嘴，而黃興失掉手指，則是為了革命（普遍說法是在黃花崗那次起義給流彈射斷，但也另有說法，但因附和者不多，在此不贅），但兩者相同的是，兩人皆義薄雲天。

黃興在革命軍中名氣很大，因早期他曾經多次帶領武裝起義，所以在口耳相傳下，頓成傳奇人物，但其實起義的規模都很小，在幾十到幾百人之數，他的角色其實更似是一個敢死隊隊長，多於一個指揮千軍萬馬的大將軍，後來到了要他真的帶兵，其實紀錄乏善可陳。所以，黃興品德雖佳，但我們也不能把他過分神化。

武昌起義倉卒，義軍群龍無首，缺乏有威望的將領帶兵，面臨清軍大軍壓境，帶兵的又是驍勇善戰的「北洋之犬」馮國璋，當黃興趕到時，大家都欣喜若狂，爭相傳頌：「黃興到」（見圖 17，那

是當時的宣傳畫，攝自武漢辛亥革命紀念館展品）。

黎元洪更效法古禮，築壇拜將，授以黃興帥印，以表重視，這個「拜將臺」，如今仍保留在「武漢辛亥革命紀念館」（原鄂軍都督府）前的廣場，且豎立了上書「拜將臺　辛亥首義　鄂軍都督黎（筆者按：黎元洪）任黃興為總司令在此授印」的紀念碑（見圖 18），館內也有描繪當時情景的銅像和浮雕（見圖 19，攝於館內）。

只可惜，黃缺乏打大仗經驗，結果兵敗而回，讓武昌諸君大失所望。

最後，還是靠跟袁世凱妥協和作政治交易，並非靠打勝仗，才讓宣統退位，結束了清朝，民國才得以站穩陣腳。

但瑕不掩瑜，雖然缺乏帶兵之材，但黃興那篤實無我的品格，讓他成了革命和民初時期眾人的道德標杆，起了重要的道德和凝聚作用。縱然他不居功、不搶位，但歷史還是記住了他。

有史必有斯人。

最後，順帶一提，如今毗鄰黃興祖屋，建有「湖南辛亥革命人物紀念館」（見圖 20），內有黃興、宋教仁、蔡鍔等的史料和文物展覽，若然讀者到訪黃興祖屋，務必要預留時間一併參觀。

14. 宋教仁故居和墓園：
民國曾經出現過的機會之窗

宋教仁

同盟會早期，除了孫中山這位領導外，還有文武二將，武是上篇談的黃興，文則是今篇要談的宋教仁（見圖1，那是宋家祖屋內展覽，他們三人的油畫）。宋一直為後世所忽略，其實他是一個政治判斷和謀略俱佳的人，且曾經為民國的議會和民主，打開過一扇機會之窗。

宋教仁的故鄉位於湖南常德市桃源縣（當地人認為這裡就是陶淵明所說的桃花源）漳江鎮，距長沙有兩三個小時車程。宋出生的祖屋是一間四合院（見圖2），內有一個大大的中庭（見圖3），走過中庭，正中間便是堂屋（見圖4），堂屋左邊是宋教仁父母的臥室，左角是廚房，再往左便是宋教仁的臥室（見圖5、圖6）。

宋家雖也是鄉中富有人家，但跟黃家比卻明顯不及，不單祖屋佔地、房間數目都較少，結構也較為簡單，沒有池塘和護莊河等的

氣派，就算屋內傢俬，精美程度亦有所不及，例如，雖然座椅也有雕花（見圖7），但卻沒有像黃家般嵌上大理石。

唯一較黃興故居優勝之處，是宋教仁臥室內，窗下有張精美的書桌（見圖6），讀書環境較佳，筆者參觀過多位歷史名人年幼時的房間，絕大部分人都沒有這份福氣，而宋教仁較黃興又確是多了一份儒雅和書卷氣。

宋教仁這間祖屋其實是復建的，因宋家成員四散，原祖屋日久失修，再加上文革期間的摧殘，至完全損毀。到了2010年，才得到縣政府復建，並由時任全國政協副主席何魯麗題字「宋教仁故居」（見圖8），現時還在屋外樹立了宋教仁的頭部雕像（見圖9）。

宋教仁和黃興同是湖南人，年輕時兩人已經志同道合，共同創立了華興會，一起搞革命，事敗後，又一起逃到日本。後來，經日本人宮崎滔天作中間人，認識了同屬流亡的孫中山，雙方異常投契，於是連同其他志士，在東京另一日本友人家中（位於池阪區靈南坡金彌宅）舉行大會，成立了同盟會（圖10是描繪同盟會成立當日場景的油畫，攝於「湖南辛亥革命人物紀念館」內，孫中山站在中間，在其右邊站立者依次是宮崎滔天、宋教仁、黃興），革命從此進入了一個新階段。

不說大家未必知，同盟會後來其實形成了兩條革命路線：孫中山主張在南部沿海一帶這些邊陲地帶（如兩廣、雲南）起義，好處是因為偏僻而清廷看得不緊（偷運軍火也較易），但壞處則是就算革命成功對其它地區的輻射作用也不大；相反，宋教仁則主張在

中部地區（如長江流域、兩湖）起義，壞處是清廷防守較為嚴密，好處則是革命的輻射作用較大，例如武漢被稱為「九省通衢」，是九個省分之間的交通要衝。

（正確的說，1910 年 8 月，宋教仁提出「革命三策」，簡單來說，上策是京師起義；中策是長江起義；下策是邊區起義，結果宋採用的，是原先自己認為的中策，當然孫中山的邊區起義，無疑就被宋視為下策了）

當然想深一層，這或許也跟兩人的籍貫有關，孫是廣東人，而宋則是湖南人，要搞革命，自然也想在自己最熟悉，地利與人和俱佳的地方做起。「存在決定意識」，馬克思早有名訓。

孫中山十次起義，大多數在廣東，結果全數失敗，反而是武昌起義成功，足證宋教仁看法正確，而孫中山則否。

武昌起義靠的是新軍，那就是清廷進行現代化的軍隊（北方代表是袁世凱訓練的「北洋六鎮」，而南方則是張之洞的「湖北新軍」），在張之洞的支持下，湖北新軍不少將領曾到日本留學，學習軍事，部分被交遊廣闊的宋教仁所認識上，且被這位老鄉種下了革命思想的種子，用今天的話說，就是被「滲透」。

回國後，為了在長江流域謀反，以及加強與湖北新軍內的革命組織如「共進會」和「文學社」的聯繫，宋成立了「同盟會中部總會」，辛亥革命的標誌性人物，張振武、蔣翊武、孫武這「辛亥三武」，就是來自這兩個組織。因此，武昌起義，宋教仁是有分策劃，且有一份功勞。

　　所以，有人甚至把宋教仁類比諸葛亮，說他的「中部革命策略」，堪比諸葛亮的《隆中對》，而孫中山則某個意義上像劉備，揀地盤都揀錯。

　　辛亥革命爆發後，並非一帆風順，當時手握最大軍事力量的是袁世凱，為了爭取他倒戈，結束清廷，支持民國，革命黨最後把總統大位拱手相讓，以作政治交易。但宋教仁不是就此便一籌莫展，反而在密謀兩手，企圖反制袁世凱這位大總統。

　　首先，宋起草了《臨時約法》，並搶先在袁世凱出任總統前在議會中通過，這對總統的權力大加限制，並把權力轉移到國會和內閣身上，架空總統，讓袁徒呼奈何。

　　第二，宋把同盟會改組成國民黨，向選舉政治轉型，迎戰由袁所成立的進步黨（黨主席為鼎鼎大名，被袁成功邀請出山的梁啟超）。我找不到詳細交待宋如何部署「樁腳」和選舉工程的史料，但結果，是國民黨大獲全勝。

　　所以，怎能不比宋教仁為算無遺策的諸葛亮？

　　1913 年，這是民國舉行的第一次國會大選，國民黨大勝，作為實質上的「黨魁」（代理理事長），宋教仁赴京，準備效法西方議會民主般組閣，眼看民國的選舉和議會民主將踏上正軌，豈料「智者千慮，必有一失」，宋在上海火車站，竟遭殺手伏擊（圖 11，乃同年出版的《宋教仁遇害記》中的手繪「宋教仁遇刺圖」，攝於故居內的展品），中槍後送往醫院，可惜搶救無效，兩天後不治。孫中山認定這是袁世凱的陰謀，遂發動了「二次革命」討袁。

從此，國民黨也由一個選舉型政黨，演變成一個革命型政黨，靠武力行事（後來更創辦了黃埔軍校，建立起自己的黨軍）。民國的議會和民主，曾被打開過一扇機會之窗，但卻又匆匆被關上，中國再次墮進了無盡的武裝爭鬥。

宋教仁之死，一直是宗歷史懸案，以往人們一直相信他是被袁世凱派人刺殺，但近年愈來愈多人提出質疑，尤其是若然看過他臨死前寫給袁的遺書，你會發現當中看不到絲毫的怨念或嘲諷。

說宋教仁像諸葛亮，也包括「出師未捷身先死」這部分。

宋教仁葬於上海市靜安區閘北公園內，墓丘呈半球形，上有鷹蛇鬥的銅雕，前面有孫中山所題「宋教仁先生之墓」的墓碑（見圖 12）。墓碑前有一座宋教仁全身坐像（見圖 13），宋呈沉思狀，左手持書，右手托腮，底座正面刻有章太炎所書篆文「漁父」二字（「漁父」乃宋筆名），背面刻有國民黨大老于右任所書銘文。

宋教仁如果不死，因其識見、智謀、手腕，又能否讓民國和議會民主「軟著陸」呢？

只可惜，歷史並沒有如果。

最後，順帶一提，黃興和宋教仁同屬湖南以及華興會的革命元勳，但有趣的是，兩人如今在湖南受重視程度，卻明顯有別。長沙市最熱鬧的商業區以黃興命名，叫黃興廣場，上面樹立了黃興的銅像，另外，黃興祖屋旁亦興建了「湖南辛亥革命人物紀念館」，作為襯托。但這些禮遇，宋教仁卻通通沒有，其祖屋只能孤伶伶

地置身於鄉野茫茫稻田之後，非常隱蔽，朋友駕車送我去，就算用了駕駛導航系統，我們都幾經兜兜轉轉，才可去到。

　　是什麼原因導致兩者的差別呢？這與黃興長子黃一歐有分參與1949年「和平解放湖南」（即開城投降），中共建國後躋身湖南領導，而宋家後人卻際遇平平，又有沒有關係呢？

4

5

7

6

15. 黃花崗七十二烈士墓園：
革命英烈，兒女情長

黃興　　　　　　　林覺民

　　孫中山曾經十次策動起義，可惜十次都失敗，最後功成的武昌起義並非由他所策動。十次起義中最後一次，也是最大規模那一次，是 1911 年的廣州起義，後世又稱之為「黃花崗起義」。黃花崗起義名垂千古，除了革命英烈的事蹟之外，還有兒女情長的故事。

　　當時同盟會有兩大幹將，分別是「武將」黃興，以及「文將」宋教仁。這次起義由黃興所領導，他身先士卒，勇猛過人，甚至當右手食指和中指被敵軍射斷時，他隨手撕下塊布包住傷口，竟然用無名指便繼續扣動手槍板機，繼續槍擊殺敵。但因為四路義軍，欠缺協調，再加上拉雜成軍、武器不足、寡不敵眾，結果功敗垂成。

　　事敗後，黃興逃離廣州，但因指傷而失血過多，身體極度虛弱，由同盟會一位成員徐宗漢照顧，她是一名寡婦。在清廷大舉

搜捕下，她冒險帶他偷渡到香港，到了醫院接受治療，卻被要求動手術前必須要有家屬簽字，但臨急臨忙，哪來家屬？好位巾幗英雄，當機立斷，便說是他的妻子，由她來簽。手術後，黃知道此事，便跟她結為夫婦，此後徐一直追隨黃身邊，堅定支持其革命事業，直到 1916 年黃在上海病逝。

（順帶一提，這位徐女士後來還涉入重要的一筆歷史，話說，1921 年，中共在上海祕密召開第一次黨代表大會和創黨，開會地點揀了在法租界內上海代表李漢俊及其兄李書城租用的寓所，而十三名代表中的九位，晚間則以「北大暑期旅行團」名義，租住附近的博文女校，掩人耳目，而這間女校的董事長，就是徐宗漢）

黃花崗起義，不錯造就了黃徐這段浪漫的革命姻緣，但犧牲的卻更多，很多年輕志士為此捐軀，從此與愛人永訣，其中最廣為人知的，莫如是林覺民，他之所以久久仍讓後世未能忘懷，惋惜不已，是因為他寫下了不朽的〈與妻訣別書〉，讓大家體會到一個本來有著美好人生、愛情、家庭的年輕人，如何為了天下人的幸福，而放棄自己的幸福，甘願捨棄兒女私情。

〈與妻訣別書〉這封信中，看到他的痛苦掙扎：

「吾作此書時，尚是世中一人；汝看此書時，吾已成為陰間一鬼。吾作此書，淚珠和筆墨齊下，不能竟書而欲擱筆」；

「初婚三、四個月，適冬之望日前後，窗外疏梅篩月影，依稀掩映，吾與汝並肩挽手，低低切切，何事不語？何情不訴？及今思之，空餘淚痕」；

「吾自遇汝以來，常願天下有情人都成眷屬；然遍地腥膻，滿街狼犬，稱心快意，幾家能夠？」；

「吾充吾愛汝之心，助天下愛其所愛，所以敢先汝而死」。

這些話說來情真意切，讓人看後無不動容，不愧為不朽的情書。

誠如林談及誰應先死時所言，「以汝之弱，必不能禁失吾之悲」，後來這句話果然應驗了。林捨生取義後兩年，太太也鬱鬱而終，只盼兩人在彼岸能夠再重聚。這位苦命女子名字叫陳意映。

（順帶一提，林覺民堂兄是林長民，也就是，林覺民是民國著名才女林徽音的堂叔。）

起義失敗後，同盟會成員潘達微冒死四出奔走，收集了七十二具烈士屍首，並把它們安葬於紅花崗，但潘認為黃花比紅花更優美，更能代表烈士的精神，因此在介紹烈士安葬情況時，把紅花崗易名為黃花崗，從此改名沿用至今。

辛亥革命成功，民國成立，1912 年，廣州政府撥款 10 萬元在原墓地上築建烈士墓園，孫中山更親自在這裡種植了四株松樹，以象徵烈士堅忍不拔、正直勇敢的精神，並為墓園親書「浩氣長存」四字。

如今要到這烈士墓園十分方便，因為廣州地鐵便設有「黃花崗」站，在那裡下車，不用五分鐘腳程便到，墓園入口那巍峨聳立的牌坊，以及孫中山親書的「浩氣長存」四個大字（見圖 1），旋即映入眼廉。

　　走過牌坊後，是一條寬敞的中央步道，向前直走，就會見到「七十二烈士墓」（見圖 2、3）。

　　在墓後，就是整個烈士墓園的核心建築「紀功坊」（見圖 4），當中同樣見到由孫中山所題的「浩氣長存」四個大字。紀功坊上半部由七十二塊青石疊成崇山形，象徵七十二烈士，每塊青石亦分別刻上當時國民黨海外各地支部名稱和個人名字，作為對他們捐款建設墓園的鳴謝。

　　紀功坊上的橫額，是由國學大師章太炎所寫的十二字篆文：「締結民國七十二烈士紀功坊」，最上面屹立著自由女神像（見圖 5），表達了這些志士是為了建立一個自由、平等、民主的國家而奮鬥、奉獻，和犧牲。這個自由女神像，讓人想起屹立在美國紐約海港的自由女神像，相信當中不無模仿之意。

　　必須一提的是，說是七十二烈士墓，是因為當年潘達微共收集到七十二具烈士屍體，但起初仍未盡知他們姓名和生平，民國建立後，為此作出調查，於 1919 年查出當中五十六人姓名，再到1922 年，又查出當中十六人，遂達七十二人的總數，於是立碑紀念（見圖 6）。但到了 1932 年，又再查出還有另外十三人，於是再立第二碑以作紀念（見圖 7）。因此，雖說七十二烈士墓，但黃花崗起義一役從容就義的，其實起碼有八十五人。

　　最後，也要一提的是，當年潘達微冒死四出奔走，收集了七十二具烈士屍首，並以房契作抵押而購得紅花崗，安葬了它們，這位義人後來也安葬於此（見圖 8）。

　　至於孫中山當年親自種植的四株松樹，經歷百年滄桑之後，已經凋謝。2016年，在紀念孫中山誕辰一百五十週年時，墓園邀得其後人孫國維在此再種植了另外四株紀念樹，就在潘達微墓旁不遠處。

　　除了以上景點之外，墓園內還有默池（見圖9）、龍柱（見圖10）、碑廊、紅鐵門（見圖11）等建築，都是頗有建築特色的看點。

　　此外，除了在黃花崗起義犧牲的烈士之外，民初很多功在家國的人物都葬在這裡，他們的墓塚亦各有特色，注入不少傳統中國建築風格，頗值得細看。

16. 黃埔軍校：
先烈之血，主義之花

蔣介石

周恩來說：「開辦黃埔軍校可說是孫中山軍事上失敗的結果。」

魯迅在寫給太太許廣平的信中慨嘆：「孫中山奔波一世，而中國還是如此者，最大原因還在他沒有黨軍，因此不能不遷就有武力的別人。近幾年似乎他們也覺悟了，開起軍官學校來，惜已太晚」，說太晚，是因為孫這時剛剛逝世。

不錯，孫中山在建立共和的事業上，屢屢碰壁，尤其是「二次革命」失敗和「陳炯明兵變」（也就是孫「廣州蒙難」事件）之後，他決心成立一間軍校，創建一支向國民黨以及革命理想效忠的軍隊。

1924 年，在原址為清朝陸軍小學堂和海軍學校校舍的那一個地段，成立了「中國國民黨陸軍軍官學校」，後來再改名為「中華民國陸軍軍官學校」，俗稱「黃埔軍校」。

　　黃埔軍校教出了許多著名戰將，包括國民黨的杜聿明、胡宗南、鄭洞國、陳明仁、黃維、邱清泉、廖耀湘，以及後來在台灣先後官拜國防部長和行政院長的郝柏村等；另外，就算是中共那邊，開國將帥中，十大元帥中的兩位，林彪和徐向前，十位大將中的三位，陳賡、羅瑞卿、許光遠，都是黃埔教出來，如果再加上上將、中將、少將，總計近三十名，實在能人輩出。

　　為何會如此人才濟濟呢？

　　民國初年，列強欺凌，軍閥橫行，有為青年，無不憤慨，所以當黃埔宣布成立時，報考這所軍校，成了一股時代潮流，他們都希望在這個翻天覆地的大時代，投筆從戎，報效國家。過去，很多國家都曾出過重武輕文的尚武年代，中國也就是此時，在亂局下，軍人也成了時代驕子。

　　在登記表「為何要入本校」一欄中，看看幾位黃埔一期生如何填寫，也可了解他們的精神面貌：

　　後來以第一名畢業的蔣先雲，他如此填寫：「磨煉革命精神，造就一健全革命分子」（只可惜他英年早逝，1927 年北伐時陣亡犧牲）；

　　後來成了中共十位大將中排名第四的陳賡填寫：「成為有革命精神的軍人，為主義犧牲」；

　　後來成了抗日名將的宋希濂填寫：「恨北洋奸賊之亂國，特由湘來粵投本校，以求得軍事學識，將來為黨、為國奮鬥犧牲」；

　　蒙古族的榮耀先則寫：「因軍閥當道，民生不安、外交失敗，

至於極點，若無軍事學識與軍事精神，無以對付軍閥，故入本校學習革命方法」（可惜他也在 1927 年北伐時陣亡犧牲）。

當時如此填的，比比皆是，從中可見，他們很多都非市井之徒，而是讀過書，有學識，有熱血。

1924 年 6 月 16 日，也就是孫中山「廣州蒙難」兩週年紀念日，特別揀了此日作軍校開幕典禮（見圖 1，照片從左至右是廖仲愷、蔣介石、孫中山、宋慶齡，歷史照片，攝自校內展品），當時校門高懸「親愛精誠」的校訓，第二道門則由蔣介石親題「繼往開來」懸於門楣，兩旁以「先烈之血，主義之花」為門聯。

孫中山在這天的開學典禮上演講，說：「從今天起立一個志願：一生一世不存升官發財的心理，只知道做救國救民的事業，建立一支革命軍，挽救危亡的中國。」

孫選擇把軍校設於黃埔區長洲島內，是因為長洲島位於珠江中央，島上築有多處炮台，能控制江面，易守難攻，且島上有現成校舍，略加修葺，即可使用。這裡四面環水，環境幽靜，也有利學生學習。

創校早期，因為缺乏經費，所以日子十分艱難。以伙食為例，軍校的黨代表廖仲愷曾對一期生說：「這幾天大家能夠開飯，是何香凝（筆者按：廖妻）把自己首飾拿去抵押，才能在東堤糧店買到數百擔大米。」又有一次，蔣介石下令，學生以至教官都要練習挨餓，沒有午飯吃，但卻要照樣出操，野外演習。蔣給的理由是，為了訓練將兵在戰場上得不到補給時，仍能繼續打仗。但實際的

原因，卻是學校因經費枯竭而斷炊。

讀者會問，如果孫中山這樣窮，要錢無錢，要槍無槍，這樣一所軍校是如何創建？究竟錢和軍火從何而來？

答案就是靠「外國勢力」。

在黃埔軍校同學會的網頁上，載有〈蘇聯顧問在黃埔軍校建設中的作用〉一文，當中就蘇聯在經費和軍火上對黃埔軍校援助的詳情，有詳細的記述。

「經費援助：1925 年蘇聯第一次撥交黃埔軍校 10 萬盧布作為維持費，並在同一通知上告訴加倫將軍（筆者按：蘇聯派駐的軍事顧問團團長），只要黃埔軍校提出具體的預算數位，蘇聯政府可以根據實際需要繼續撥給。同年，一次又給廣東政府 45 萬盧布，作為編練新軍的費用。1925 年至 1927 年，蘇聯先後無條件地撥交黃埔軍校的辦學經費共達 250 萬盧布。」

「武器援助：1924 年 10 月初，蘇聯第一次運給軍校的步槍 8,000 多支（全部配有刺刀），子彈 400 多萬發，以後還逐年增加。同時運來的還有 10 支小手槍（《黃埔軍校史料》（1924 ～ 1927），第 72 ～ 73 頁）。1925 年運到廣州 2 萬支步槍，100 挺配備子彈的機槍，以及足夠數量的擲彈炮和手榴彈武裝軍校教導團，軍火價值達 56.4 萬盧布。1926 年分 4 批將各種軍械運到廣州，第 1 批有日造來福槍 4,000 支，子彈 400 萬發，軍刀 1,000 把；第 2 批有蘇造來福槍 9,000 支，子彈 300 萬發；第 3 批有機關槍 40 架，子彈帶 4,000 個，大炮 12 門，炮彈 1,000 發；第 4 批有來福槍 5,000 支，子彈

500 萬發，機關槍 50 架，大炮 12 門。蘇聯政府先後 6 次為軍校運來的大批槍炮彈藥，計有步槍 51,000 枝，子彈 57,400 萬發，機槍 1,090 挺等。蘇聯還決定援助中國飛機 10 多架，後只運來數架，由蘇聯飛行員駕駛，參加了東征和北伐戰爭。蘇聯的大力援助，從根本上保證了軍校之訓練、建軍及其軍事鬥爭的順利進行。」

今天，「勾結外國／境外勢力」成了莫大的政治罪名，尤其是收受政治捐款，但其實，當年無論是孫中山先生搞革命、成立黃埔軍校，都是依賴「外國勢力」起家。

現時，黃埔軍校大門上，仍掛有國民黨元老譚延闓親題「陸軍軍官學校」的橫匾（見圖 2）。據說早年，門口還有一副對聯：「升官發財請往他處，貪生畏死勿入斯門」，橫批：「革命者來」，後來才被替換。

抗日戰爭時，黃埔軍校於 1938 年被日軍飛機炸毀，後來幾經復修，到了 1996 年，原貌才大致復原。軍校本部是樓高二層的磚木結構、三路四進（即三條主要通道，四排房舍）、迴廊相通的樓房（見圖 3、4）。

圖 5 是孫中山辦公的總理室，他常到軍校視察和演講，有時晚了便在此過夜，明早才返回廣州市區，這室是他辦公和小休的地方。

圖 6 是蔣介石的校長室，孫中山把蔣任命為校長（圖 7 是孫給蔣的委任狀，攝自翠亨村孫中山紀念館內的展品），讓他透過掌握軍隊，踏上大權在握之路，這室是他辦公和小休的地方，牆上掛著黃埔第一期學生的名錄。

圖 8 是政治部的辦公室，黃埔軍校一大特色，是設有政治部，負責向學生進行政治教育和指導，最初主任為黨內元老戴季陶，後來，在 2015 年 4 月由周恩來出任主任。

圖 9 是校長會客廳，這裡是校長接見賓客的地方，也是官長集合的場所，牆上懸掛的對聯「登高望遠海，立馬定中原」，是黨內元老于右任題字並送給蔣介石的。至於多個房間牆上都有懸掛的三幀相片，分別是黃埔三大領導：總理孫中山、校長蔣介石、黨代表廖仲愷。

圖 10 是官長飯廳，是官長、教職員用膳的地方，蔣介石也常在這裡跟大家一起同膳。但由於軍校缺乏經費和地方，這裡也是會議室，很多重要會議都在這裡召開。

我們再看看學員的學習和生活。

圖 11 是書報閱讀室，軍校實行軍事和政治並重的方針，因此也對學生進行政治、經濟、歷史、主義等教育，學生因此也被鼓勵要讀書、讀報。

圖 12 是自習室，每晚 7 時至 9 時為學生自習時間，軍校設有自習室，並購置了書籍和出版物供學生自學，但也有規定，未經准許的私置書籍不得帶入閱讀，但社會主義、共產主義、馬克思主義書籍，學生皆可閱讀，當然這僅限於創校初期，與蘇聯關係友好時期。1927 年國共分裂之後，就又是另一回事。

在課堂上，有二十條的《修學規則》，包括軍帽要放在桌上的

左前方；不抄筆記時雙手要放置於膝蓋上；坐姿要挺直，雙目要注視著教官；抄筆記時身體不准扭動等。

圖 13 是宿舍，但大家不要太早開心，因軍校缺乏經費和地方，只有少部分學生能夠睡在這樣的房間和床上，其餘則住在臨時搭建的棚內。這裡要守八條《寢室守則》，包括早晨 5 時聞號就得迅速起床；晚上 9 時聞號熄燈就寢；不得喧嘩談話干擾他人睡眠；按照規定整理被子和衣服；不得在此拋棄任何不潔之物；不得在牆上塗鴉；無論廣東人蒙古人等均需講國語等。

在學生飯廳，也要守十一條《飯廳規則》，包括隊長下達「開動」命令後學生才可開始吃飯；吃飯時不准除下制服；不得談話或故意使碗筷發出聲響；姿勢要端正；不得任意將兩肘置於桌面或將腳置於櫈上；須在十分鐘內用完餐等。

軍校後面的八卦山，建有 40 米高的孫中山紀念碑，於 1928 年奠基，1930 年落成。碑頂有孫銅像。碑的正面題上「孫總理紀念碑」六個隸書金字，旁邊則題上總理訓詞（見圖 14）。

如今校舍旁還設有紀念館（見圖 15），展出史料和有價值文物，例如軍校教官和學生的軍服（見圖 16）、學生畢業時獲頒的畢業證書及紀念品「中正劍」（筆者按：蔣介石，字中正）（見圖 17）、榮列中共十大元帥的聶榮臻和徐向前兩位黃埔人的題詞（見圖 18，聶榮臻是黃埔軍校政治部祕書，非學生）等。

※ 本文有關黃埔軍校早年生活的描述，參考自曾慶榴所著《中國為什麼如此尊崇黃埔軍校》一書。

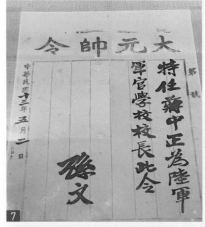

13

14

15

16

17

18

黃埔同學精誠團結實現祖國統一建設強大祖國　徐向前　一九八四年十月

紀念黃埔促進祖國統一　王震葉隆　八三·十二·十四

在紀念黃埔軍校建校60周年前后，黨和國家領導人聂荣臻、徐向前先后为黃埔軍校題詞。

17. 南京總統府：
人間正道是滄桑

孫中山和開國群英

　　說到在南京最著名的歷史政治建築，不少人想起的，都會是民國年代國民政府的總統府（見圖 1），這不單是因為孫中山、蔣介石等歷史巨人都曾經在這裡辦公，留下了一鱗半爪，更因為當年一幀照片和一首詩，象徵了政權更替的一幕，深深印在百姓腦海之中，而那幀照片，就是與總統府有關。

　　話說，到了 1949 年上旬，國民政府在內戰中大勢已去，南京這首都也搖搖欲墜，到了 4 月 23 日深夜至 24 日凌晨，解放軍攻入總統府。於是就有了這幀照片：解放軍戰士在總統府樓頂站成直排，象徵把統治者國民政府踩在腳下，向全世界宣示中國共產黨和解放軍的勝利（見圖 2，歷史圖片，來源為網路上）。

　　曾經長時間人們認為，這幀照片是在攻入總統府那一天所拍攝，但近年，拍下這照片的解放軍「三野」35 軍隨軍攝影記者鄒

健東，卻在訪問中道出另一個版本。

　　話說當時是凌晨，光線不足以拍下照片，另外，鄒自己也不在先遣部隊中。其實，這是幾天之後，想到「佔領總統府，是中國歷史上一個極其重要的事件，它標誌著一個舊政權的覆滅和一個新時代的開始。在請示部隊領導同意後，在官兵們的積極配合下，鄒健東舉起了相機，拍下了一組解放總統府的珍貴歷史照片，其中就有那張解放軍官兵們在總統府門樓上歡呼的照片」。

　　這個訪問見諸〈解放軍佔領南京「總統府」照片拍攝揭密〉一文，上載於《人民網》，相信有足夠權威性。

　　這篇訪問中，提到拍攝時間是 4 月 27 日上午 10 時許，但在另外一篇〈鄒健東：定格歷史瞬間的攝影戰士〉的專題報導中，卻說拍攝時間是 5 月上旬。

　　無論如何，解放軍攻下總統府，讓中共上下雀躍歡騰，捷報傳回北京（當時稱北平），毛澤東心情大樂，於是寫下了著名的〈人民解放軍佔領南京〉這七律詩：

　　　　鐘山風雨起蒼黃，百萬雄師過大江。

　　　　虎踞龍盤今勝昔，天翻地覆慨而慷。

　　　　宜將剩勇追窮寇，不可沽名學霸王。

　　　　天若有情天亦老，人間正道是滄桑。

　　當中「天若有情天亦老，人間正道是滄桑」這兩句，是我十分喜愛，以及寫文章時常常會用到的詩句。

　　說回總統府，今天當然大家不會見到解放軍戰士在樓頂站成直排，但前述這幀照片，以及另一幅由陳逸飛和魏景山所作的著名油畫《攻佔總統府》（見圖 3，攝於總統府內），同見於總統府內，用以見證「日月換新天」這歷史性一刻。

　　總統府的原址，已有六百多年歷史，在明代是親王府；到了清代，就成了兩江總督衙門；到了太平天國時，洪秀全以此為天王府；到了民國，才成了總統府。所以今天大家到此參觀，除了看到國民政府也看到太平天國的遺跡，如上面掛有「太平一統」四字、洪秀全當年的龍椅（見圖 4）。

　　沿著長長的走廊進入總統府前廳，會看到上面懸著由孫中山題上「天下為公」四隻大字的橫匾（見圖 5），道出了一代偉人的政治願景。之後會見到禮堂、國會會議廳（見圖 6、7）等。

　　再往內走，會見到子超樓（見圖 8），那是以前國民政府主席林森（字子超）名字來命名的大樓。蔣介石和李宗仁的總統和副總統辦公室，都是設在這裡。蔣即使貴為總統，但其辦公室只是一細小房間，陳設相當簡單。（見圖 9、10，兩幀照片攝於筆者兩次參觀，當中相隔幾年，辦公桌上的擺設亦有改變）

　　說件趣聞軼事，蔣介石愛喝白開水，圖 6 是國會會議廳，大家可能會留意到，其它座位擺放的都是茶杯，唯獨蔣介石座位擺放的是水杯；圖 10 是蔣介石辦公室裡的辦公桌，桌上擺放的也是水杯。

　　其實，還有更儉樸的，那就是孫中山。1912年1月1日深夜，孫在總統府就職中華民國首任臨時大總統（見圖11，此乃總統府內，臨時政府紀念館裡，紀念這歷史性一幕的蠟像擺設），接著他就在這裡的辦公室，為新成立的民國，辛勤工作，他甚至把臥室設在辦公室旁邊，以方便自己日以繼夜工作。只可惜，只是短短三個月，他就把總統一職讓了給袁世凱，交換袁接納共和，自己則為了大局而引退。單看孫的辦公室（見圖12），以及隔鄰的臥室（見圖13），足見其儉樸。看到這裡，不禁讓人對這位歷史巨人萌生敬意（圖14是孫中山在總統府內的銅像）。

11

148

18. 美齡宮：
宮花寂寞紅

宋美齡

　　蔣介石不錯是一代梟雄，雙手沾滿血腥，但對太太宋美齡，卻是百般憐愛，有其鐵漢柔情的一面，從他當年在南京的官邸，亦可見一斑。

　　當年這座南京官邸（見圖 1），最初叫「小紅山官邸」，後正名為「國民政府主席官邸」，後來好事者把之戲稱為「美齡宮」，因建於梅嶺，在文革期間，又因政治忌諱而改稱為「梅嶺宮」，如今又再叫回「美齡宮」。

　　這座官邸被譽為南京最優雅建築，最讓人驚豔的，不是其室內設計和陳設，而是這座建築與四周環境的整體布局。若然在深秋從高空俯瞰，它就像一顆寶石，鑲嵌在一樹黃葉的梧桐樹所組成的「頸鍊」上（見圖 2，翻攝自宮內展覽照片）。據說，蔣是要以此作為禮物，表達對太太的深情愛意。

美齡宮除了地庫那一層之外，地面共有三層。第一層設接待室、衣帽間、祕書辦公室及臥房、廚房、洗衣室、工作人員臥房等；而第二層則用作會客和辦公用途，設有會客廳和宴客廳，以及蔣的辦公室等；至於第三層則為私人起居部分，設有蔣宋夫婦倆的臥房和私人小餐室，以及小教堂等。

上到二樓，那是宮邸的公事樓層。最先進入的是會客廳（見圖3），這裡擺的是西式沙發及傢俬，當年蔣宋在此接見過國民政府的軍政要員，以至美國駐華大使司徒雷登、美軍事顧問馬歇爾等，商討軍、政、經濟大事。客廳旁就是宴客廳，擺放的也是西式長餐桌，用的是西式餐具（見圖4）。

同一層，還設有蔣的辦公室（見圖5），這裡簡潔明淨，最矚目的，是房中掛上國父孫中山的大照片，旁邊更一併掛上國父的勉勵說話，包括「革命尚未成功，同志仍需努力」的對聯，以及「天下為公」的橫幅，蔣明顯以此自勉，以及彰顯他是國父革命的傳承者。

上到三樓，那就是宮邸的私人起居樓層。大家最感興趣的，或許就是主人家的臥房。臥房最大特色，就是竟然分為主臥（見圖6）次臥（見圖7）兩區相鄰，朋友笑問，為何蔣宋夫婦臥房會分為主臥和次臥？難道是預備兩公婆吵嘴時，可以俾宋美齡「推老公出去睡」？實情是，因為蔣宋兩人的生活習慣十分不同，軍人出身的蔣慣了早睡早起，但相反，宋卻愈夜愈美麗，夜生活多姿多采，慣了晚睡晚起，所以為了互不影響對方休息，才準備了兩個臥室。

臥室旁邊有個小飯廳（見圖8），是蔣宋夫婦倆私人用餐的地方，但話雖如此，兩人偶爾也會在此宴請客人，例如北平守軍司

令傅作義，餐後寒暄，蔣說：「在我這裡用餐過於簡單了。」傅急忙說：「這是總統給我的最高禮遇了！」但只可惜，這「最高禮遇」最後也沒有讓傅知恩圖報，最後在平津戰役中，還是選擇不奮戰到底而投降，讓解放軍和平解放北平。

同一層，還有一個小教堂（見圖 9）。宋美齡的父親宋嘉澍（洋名查理）是傳教士，所以幾乎全家都是虔誠教徒（宋慶齡較有爭議）。當年蔣要迎娶宋，宋父已逝，由宋母倪桂珍作主，她起初因蔣已婚及非基督徒而強烈反對，蔣於是離婚及開始讀聖經，後來更受洗。在官邸內這座小教堂，每逢週日早上，蔣宋便在此做禮拜。抗戰勝利後，蔣從重慶還都南京，便把這小教堂命名為「基督凱歌堂」，一是慶祝抗戰勝利還都南京，二也是形容朗讀聖經時聲音如歌聲般悅耳。當時司徒雷登，以及馬歇爾伉儷，都常來這裡和蔣宋一起讀經及做禮拜，有關經濟援助與中共談判的策略等，往往就在禮拜前後商定。橫楣上「基督凱歌堂」幾個字，是由蔣親筆題字。

參觀完美齡宮的室內陳設，用今天的眼光，算不上是奢華，反而讓人覺得設計上很有品味（相信這應歸功於宋，而與軍旅出身的蔣無關）。但實情是，當年在建造過程中，經費曾經大大超支，受到輿論非議，以致一度停工，於是在 1931 年開工，到 1934 年才竣工（也有一說是 1936 年），因此也成了政敵批評蔣宋貪腐的口實。

無論如何，俱往矣。白崇禧之子、名作家白先勇，曾於八十年代到美齡宮再遊，望著這個他年幼時曾經參加過聖誕派對的地方，憶起當年的冠蓋雲集、觥籌交錯、宋美齡的綽約風姿，對比眼前人去樓空的蒼涼景象，不禁發出了「宮花寂寞紅」的感慨。

19. 張學良公館：
「千古罪人」還是「千古功臣」？

張學良

　　張學良是個傳奇人物，一生做過兩件大事，卻換來天差地別的評價。一件讓他被百姓罵作「千古罪人」；另一件卻讓他被中共譽為「千古功臣」，且都是在他 36 歲前做了。所以後人寫歷史提到他時，往往稱他為「少帥」。張曾對著名歷史學者唐德剛教授說：「我的事情是到 36 歲，以後就沒有了」。張的千秋功過至今仍難以論定，唯一肯定的是，他改變了中國的歷史和命運。

　　張學良是東北軍閥張作霖的兒子和承繼人，1931 年「九一八事變」爆發，面對日軍入侵，麾下東北軍遭下令「不抵抗」，甚至被罵成「不發一槍」，最後全數退入關內，令東北拱手相讓給日本，讓他換來「千古罪人」的罵名。

　　究竟「不抵抗」，是出自蔣介石的命令，還是張學良自己的意思呢？這曾經成了個長久謎團，根據中共官方宣傳口徑，這是順

應蔣「先安內後攘外」政治方針下的懦弱行為。

　　直到 1990 年，失去自由達半個世紀的張學良，接受日本 NHK 電視台訪問時，終還了蔣一個公道，他說：「我認為日本利用軍事行動向我們挑釁，所以我下了不抵抗命令。我希望這個事件能和平解決⋯⋯我對九一八事變判斷錯了」，「是我自己不想擴大事件，採取了不抵抗政策」。

　　後來唐德剛訪問張時，也問到：「我聽了五十多年了，都是這個說法，都說是蔣公給你的指令呢！」但張卻堅決回答：「我要鄭重地聲明，就是關於不抵抗的事情，九一八事變不抵抗，不但書裡這樣說，現在很多人都在說，這是中央的命令，來替我洗刷。不是這樣的。那個不抵抗的命令是我下的。說不抵抗是中央的命令，不是的，絕對不是的。」

　　至此才就「九一八事變」還了蔣介石一個公道。

　　就是因為這場巨變和餘波，張於 1933 年初下野，出國考察後，再被蔣輾轉安排到了西北，於 1935 年 10 月出任西北「剿匪」副總司令，駐紮西安，再在 1936 年 12 月 12 日發動了「西安事變」，結束國共內戰，全國一致抗日，也救了瀕危的共產黨，因此張學良一直被中共譽為「千古功臣」。

　　之後張隨蔣飛南京，從此失去自由 54 年，再無返過西安，所以張其實在西安只住了短短一年，因此，在西安的張學良公館，也只是棟十分簡樸的樓房，若要看宏偉的建築如張氏帥府，便要飛到瀋陽了。

公館距市中心不遠，我看完了西安名勝鐘樓、鼓樓之後，向東沿著東大街一條大直路，走了大半個小時，右轉入建國路再行幾百米就到。大閘外豎立了「張學良將軍公館」及「西安事變紀念館」兩塊直牌（見圖1）。

進入公館門內，左邊是幾座平房，內裡闢為西安事變紀念館，展覽了這件事件的來龍去脈；右邊則是三棟樓高三層的小樓，按排列序，分別稱作 C 樓、B 樓和 A 樓。

A 樓主要用來接待賓客，西安事變時，中共派來談判的周恩來、葉劍英、博古就曾住在這裡。

B 樓是少帥的祕書以工作人員辦公和居住處，如今改建成他的生平展覽館。

C 樓（見圖2）則是少帥、趙一荻（張的紅顏知己），和兒子張閭琳（趙一荻所出）的住所，如今仍保留內裡原有陳設。

（補上一筆，少帥生性風流，年輕時女伴無數，元配是于鳳至，但在西安這座公館陪伴他的卻是趙一荻，趙因在家中排行第四，所以又稱趙四小姐，其父趙慶華在北洋政府曾任交通部次長。趙當年在天津一個舞會上，邂逅風度翩翩的少帥，兩人一見鍾情，從此墜入愛河。其父得知掌上明珠和當時已屬有婦之夫的張學良在一起，氣得七孔生煙，把她關起來，但女兒卻執迷不悔，結果甚至鬧到斷絕父女關係的地步。于鳳至原本也不接受趙，但逐漸發現趙對少帥情真，且聰明伶俐，又精通英文，擅於交際，可以在自己忙於打理帥府事務時，陪伴和照顧丈夫，最後冰釋前

嫌。東北失陷後，于帶子女離國，並在海外照顧子女讀書和生活。因此，西安事變時在張學良身邊的是趙一荻，且後來一直伴他終老，縱是落難也不離不棄。）

張一家起居飲食的私人樓層在三樓，有飯廳（見圖3）、客廳（見圖4、5）、他和趙四小姐的睡房（見圖6），以及兒子的睡房（見圖7）。放眼所見，無論大小和陳設，比起今天我們一個普通中產，也是差不多，這與瀋陽的張氏帥府，相信有天壤之別。可以想像，自小錦衣玉食的少帥，在此蝸居，心裡實難沒有「虎落平陽」的鬱結。

至於二樓則用來辦公，少帥的辦公室在此（見圖8），還有個小型會議室，如今放了張學良、楊虎城、周恩來、宋美齡、宋子文的蠟像，模擬當日和談的場景（見圖9），有說這是過往被中共宣傳為「大反派」的宋家兩兄妹，其塑像在內地的首次陳列。

正如前述，張學良公館的旁邊建有西安事變紀念館，內有西安事變的史料、文物，和展覽。圖10是館內展出張送蔣介石回南京時在機場給楊虎城等的手諭之照片，圖11則是館內展出張因這場兵諫被軍事法庭判決時《中央日報》的報導。

但寫到這裡，不得不提，大家或感意外，西安事變時的指揮中樞，並非是這座張學良公館，反而是另一座公館，那就是另一位將軍楊虎城的公館。

有人或會心生疑問，那麼究竟張還是楊才是西安事變的主要領導者呢？

一直以來，教科書裡都把張學良說成是西安事變的主角，但其實張晚年重獲自由後，在不同場合多次說過楊虎城才是事件中的主角。

根據張所寫《西安事變反省錄》，在事變前，楊曾兩次向他進言，希望張對蔣有所行動，並說：「假如自己當時與何成濬（浚）或張群共處，就不會有西安事變發生。」張又在重獲自由後的訪問中提到，包圍在楊四周，很多將兵、智囊都是共產黨人，甚至說：「他（楊）的太太（謝葆真）是共產黨。我判斷他的太太就是帶著任務來的……」

看，這就是共產黨厲害之處，就連國軍將領的枕邊人，都可以是共產黨！

再舉些例，國共內戰中有所謂「三大戰役」，分別是「遼瀋戰役」、「淮海戰役」，和「平津戰役」。在這三場仗中，國軍主力被殲，蔣輸掉了老本，從此大勢已去。但有趣的是，蔣和國軍之所以輸掉這三場仗，皆與中共的滲透有關。

先說「平津戰役」，中共可以兵不血刃，和平解放北平，原因就是守城的將軍傅作義遭到策反，而策反他的不是別人，就是其女兒傅冬菊，原來他這顆掌上明珠，早於讀大學時，已經被吸納進中共地下黨！

再說「淮海戰役」，在這場仗中，共軍對國軍調動瞭如指掌，往往可先發制人，又或守株待兔，原因是國軍參謀長郭汝瑰，原來又是中共「臥底」。「淮海戰役」的作戰方案就是由郭本人所制

定，方案尚未下達前線國軍，便已經被送達解放軍指揮部。除了洩露軍情之外，郭還在國軍內部製造矛盾，作出錯誤部署，擬訂對國軍不利的作戰命令。試問在這樣的情況下，國軍焉能不敗？

至於「遼瀋戰役」，國軍因調動拖泥帶水，導致近五十萬精銳在關外被全殲，沒有及時撤回關內。當時指揮國軍東北剿匪總司令是衛立煌，很多人都質疑他，為何帶兵可以如此拖拖拉拉，更懷疑他是否也是中共「臥底」。戰敗後，蔣以「貽誤戎機」的罪名，把他撤職查辦並軟禁。解放後，他輾轉加入中共新政府，周恩來稱他為「起義將領」，且死後葬於北京八寶山革命公墓內。看到這裡，衛立煌是什麼人，大家也該心裡有數。

.1936 年 12 月 25 日，张学良送蒋介石回南京时在西安机场给杨虎城、于学忠、王以哲等人的手谕。

20. 西安事變@華清池：
中國命運在此改寫

博古、葉劍英、周恩來

張學良和楊虎城

　　大家去西安旅遊時，多會慕名到兵馬俑觀光，但其實路上，早十分鐘下車，有一座華清宮，這就是唐代詩人白居易寫「春寒賜浴華清池，溫泉水滑洗凝脂」，當中提到的華清池之所在地，因白居易〈長恨歌〉裡以上兩句記載了楊貴妃曾在這裡沐浴，而被傳頌千古。但其實震驚中外、改寫中國命運的西安事變，也是在這裡發生。讀者可能奇怪，為何這樣驚心動魄的一幕，卻會在這樣活色生香的一個地方上演？

　　話說，1936 年 12 月，中共經過二萬五千里「長征」之後，已幾近窮途，蔣介石遂決定親自飛到西北督師討伐，部署最後一擊，先到洛陽，後再到西安。當時蔣把行轅設於市郊的華清宮，想到這裡是個溫泉區，可供養生，蔣下榻於此，也不奇怪。

　　事實上，到了今天，大家還可看到，當日蔣介石享用的精緻私人溫泉浴池（見圖 1），該浴池是仿照楊貴妃的「海棠湯」而建。話

說 1900 年，八國聯軍入京，慈禧和光緒倉皇逃命，西逃至西安，臨潼地方官員為迎駕而匆忙建成這裡的小別墅和浴池，兩人當年曾下榻於此，並在這裡沐浴。1957 年著名京劇家梅蘭芳到此遊覽，為此親題「楊妃池」三字（見圖 2）。

有意思的是，這裡不遠處也可找到後來周恩來下榻時所用過的浴池（見圖 3），與前述相比，無疑平民化得多，被拿來宣傳總理的清廉。但我卻認為，當中未必沒有政治機心和計算。

華清宮裡的小別墅稱為「五間廳」（見圖 4），因為有五間相連廳房而為名，當時五個廳房當然都被蔣徵用，由西往東依次是：祕書室（見圖 5）、蔣的臥室（見圖 6）、蔣的辦公室（見圖 7）、部署進攻紅軍的會議室（見圖 8），以及侍從室主任錢大鈞的辦公室（見圖 9）。

當時張學良和楊虎城兩位將軍，力勸蔣停止內戰，全國一致抗日，但遭蔣嚴詞拒絕。

西安學生知道蔣到了西安，遂於 12 月 9 日發動遊行請願，要到蔣的下榻之處，要求結束內戰，張學良怕學生會與蔣的部隊發生衝突，釀成流血，於是趕到勸阻，並答應在一星期內以事實答覆學生抗日救國之要求，將學生勸回。當晚，張再次向蔣力諫，但卻依舊被拒，且部署解除兩人兵權，兩位將軍決定進行兵諫。

12 日凌晨兩點鐘，張的嫡系東北軍部隊突襲華清宮，與蔣的警衛發生激烈槍戰，窗上和牆上的彈孔仍維持和保存至今（見圖 10）。

混亂中，蔣在侍衛攙扶下逃走，要踏著侍衛肩膀翻越圍墻，再縱身下跳，墮進墻外溝裡時，腰部受傷，蔣忍痛向後面驪山逃跑，再藏於山腰一虎斑石東側石峽洞內（見圖 11），但在凌晨四點鐘，還是被東北軍搜到，被脅持下山，並帶回西安城內。

蔣最初堅持不屈，後來太太宋美齡和妻舅宋子文不顧自身安危親赴西安，與張楊兩位將軍，以及中共派來的周恩來和葉劍英，一起進行談判，且宋美齡私下向蔣痛陳利害，最後蔣被迫同意，宣布停止內戰，國共一致抗日，這就是改變了中國近代史、國共兩黨以至中國命運的「西安事變」。

到了抗戰勝利後，蔣的大將胡宗南，於 1946 年在前述蔣藏身洞外，建築了「正氣亭」，以茲紀念，再到 1986 年，為了紀念西安事變五十週年，中共再把它改名為「兵諫亭」（圖 12、13）。

順帶一提，正如前述，這裡本是華清宮，所以也有當年唐玄宗和楊貴妃沐浴的好些遺跡，這裡也順便介紹。

華清宮在驪山下，不錯，那就是傳說中西周昏君周幽王「烽火戲諸侯」所在地的那座驪山，因為山的形態似一匹黑色駿馬，因而得名。如今山上還有一座於八十年代建築以滿足遊客的「烽火臺」，但因時間關係，那次我沒有到此一遊。

走進華清宮，首先見到的，是香豔之楊貴妃裸體雕像（見圖 14），但很多考證都說過，楊真人比較肥腴，眼前這個只是根據現代人審美眼光和標準所造出來。

　　說回溫泉，貪圖享樂的周幽王就在山下開發溫泉，並取名「星辰湯」，取義自己在星辰之下沐浴，以象徵王者氣派。所以華清宮這裡的溫泉浴，其實已經有長達三千年歷史。

　　這裡有幾個浴池，分別是楊貴妃沐浴的「海棠湯」（見圖15），以及唐玄宗的「蓮花湯」（見圖16），所以兩人是分開沐浴的，並非「鴛鴦戲水」。此外，還有太子的「太子湯」、大臣們的「尚食湯」，以及先祖唐太宗的「星辰湯」。

　　那麼為何玄宗的浴池以蓮花命名呢？原來這與佛教有關，蓮花是佛教象徵，這座浴池是雙層台階，上層設計為佛教蓮花寶座，下層建成八卦圖案，象徵太極陰陽，德及八方。

　　因為皇上沐浴之水代表恩澤，海棠湯裡楊貴妃沐浴用的水，原來是從蓮花湯那邊流過來。由男人用過的洗澡水來沐浴，今天女士聽到恐怕會大皺眉頭，但那時卻被視為皇恩浩蕩、恩寵有嘉的象徵。不僅海棠湯，就是太子湯、尚食湯，莫不如此。

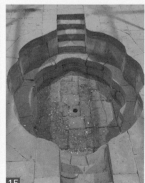

21. 中共一大會址在「新天地」

毛澤東

　　很多人到上海旅遊時都有去過「新天地」，但大家又是否知道，這個由香港建築商人羅康瑞，改建原址中古舊石庫門建築群而成，集商鋪、精品店、食肆、酒吧於一身的時尚商業區，原來就是中國共產黨誕生的地方？

　　且更有趣地方是，當年會議並沒有在這裡開完，一眾代表後來又出海，在一艘遊船畫舫上把會繼續開，且甚至在船上搓麻將。這是因為忽發遊興，還是當中另有原委呢？

　　大家到上海新天地時，未必會留意，在東南邊，興業路76號門牌下有一塊牌匾，上面寫著：「中國共產黨第一次全國代表大會會址」。原來在繁盛時尚商業區的一隅，竟然是個如此重要的歷史現場！

有位有分參與新天地這個建築項目的工程師朋友曾經告訴我，當年取名新天地，當中別有玄機，新天地中的「天」字，其實拆開就是「一」、「大」兩個字。

這棟樓房建於 1920 年，具有典型上海風格的石庫門建築，樓下一間 18 平方米的客廳，就是當年「中國共產黨第一屆全國黨代表大會」（一大）開會的地方。

當時北京才是全國政治中心，北大亦是馬克斯主義傳播的源頭，李大釗和陳獨秀兩位共產主義思想導師都曾在北大任教，那麼為何中共一大會選擇在上海召開？且選擇興業路 76、78 號（當年街名為望志路 106、108 號）這裡舉行會議？

我相信，原因有幾個。

首先，就是因為北京乃政治中心，因此北洋政府和軍閥也看得最緊，反而上海多租界，龍蛇混雜，起到掩護作用，事實上當時一大會議地點的望志路 106、108 號，就是位於法租界內。

第二，中國首個共產黨組織，就是由陳獨秀等在上海成立的「中國共產黨上海發起組」，這裡是初期中國各地建黨活動的聯絡中樞。

最後，也是我認為最重要的，就是當時由共產國際派到中國的第一位特使維經斯基（Gregori Voitinsky），他在華建立的共產國際東亞書記處，也是設在上海，並在此推動成立中國共產黨。因此，這裡也是共產國際在華總部的所在地。

中共一大於 1921 年 7 月 23 日晚上開幕，共有十五人出席，除了兩名共產國際代表馬林（Hendricus Sneevliet）和尼克爾斯基之外，十三名中國代表中，包括李達、李漢俊、張國燾、劉仁靜、毛澤東、何叔衡、董必武、陳潭秋、王盡美、鄧恩銘、陳公博、周佛海、包惠僧。

為何當時最有聲望的李大釗和陳獨秀都缺席中共創黨大會？

史料上未見兩人親口就此解釋，但後來卻有其他曾出席一大的代表在回憶時述及。

當時陳獨秀擔任廣東省政府教育委員會委員長，兼任大學預科校長，包惠僧憶述：「……有一天，陳獨秀召集我們在譚植棠家開會，說接到上海李漢俊的來信，信上說第三國際和赤色職工國際派了兩個代表到上海，要召開中國共產黨的發起會，要陳獨秀回上海，請廣州支部派兩個人出席會議，還寄來二百元路費。陳獨秀說第一他不能去，至少現在不能去，因為他兼大學預科校長，正在爭取一筆款子修建校舍，他一走款子就不好辦了。第二可以派陳公博和包惠僧兩個人去出席會議，……。其他幾個人都忙，離不開。」

至於李大釗呢？當時，他任北大教授和圖書館主任，還兼北京國立大專院校教職員代表聯席會議主席，張國燾這樣回憶：「根據這個決定，北京支部應派兩個代表出席大會。各地同志都盼望李大釗先生能親自出席；但他因為正值北大學年終結期間，校務紛繁，不能抽身前往。結果便由我和劉仁靜代表北京支部出席大會。」

（以上兩筆，見李穎所著，《中國共產黨黨代會歷史細節：從一大到十八大》，頁 11。書中此兩筆資料參考自中國革命博物館黨史研究室編，《「一大」前後》；以及張國燾《我的回憶》。李穎乃中央黨史研究室研究員，有分參與黨史編撰。）

一大揀在上海法租界內開會，代表們以「北大暑期旅行團」的名義，租住租界內的博文女校。開會地點則在望志路 106、108 號這兩棟建築，樓下一間 18 平方米的客廳內舉行，這是有分出席的上海代表李漢俊，及其兄李書城租用的寓所，李家兄弟將兩樓內牆打通，合而為一，組成一家。借用有分出席的代表李漢俊的寓所作為開會地點，較為方便，也有利保密。

7 月 23 日召開會議，會議一直順利進行，但到了 30 日晚上，情況卻突然出現暗湧，當時，馬林正在用英語講話，一個身穿灰色長衫的陌生男子突然闖入了會場，說是要找人，朝屋裡張望了一圈後，說找錯了地方，便匆匆離去。大家都起了戒心，慣於地下工作、祕密工作的共產國際代表馬林，尤其警惕，更一口斷定此人乃密探，要求會議立即中止，大家必須立即離開，以免一網成擒，只留下李漢俊和陳公博兩人善後。

果然，十幾分鐘後，法租界巡捕房的兩輛車就立即駛來，他們闖進來要搜查，但卻撲了個空，只得離開。（順帶一提兩筆：一、經此事後，李氏兄弟便退租該樓，並搬到其它地方居住；二、後來，著名紀實作家葉永烈經查訪後發現，當日闖入一大會議的灰衣人，原來是法租界政治探長程子卿。）

　　為了安全，代表勢難再返原址開會，附近該已遍布巡捕和密探，但會議又未開完，總不能草草收場。代表之一的周佛海，起初建議眾人到杭州西湖開會，說那裡安靜，而自己去過可當嚮導，但另一代表李達的夫人王會悟，反建議眾人轉移到她家鄉浙江嘉興的南湖，在湖上租條船開會，說既安全又方便，況且到南湖的遊人，要比西湖少得多。一眾代表同意。但馬林和尼克爾斯基兩個「老外」怕引人注目，而之前提到善後的李漢俊和陳公博，四人都沒有同行（另一說，何叔衡也沒有同行）。

　　眾人坐早班火車到了嘉慶。王會悟回憶：「到嘉興後，我去鴛湖旅社租了房間，作為代表們歇腳之處。又托旅社代雇一艘中等畫舫，要了一桌和餐。代表們上船前，我還出主意，讓他們帶了一副麻將牌。」

　　為何要帶麻將上船，是因為他們怕開會太悶，要用來消遣、鬆弛一下？王解釋：「代表們上船後，以打麻將為掩護，繼續開會。我坐在船艙外望風，見有船划近了，就敲窗門，提醒代表們注意」，從中可見，這位夫人真的心思慎密。

　　事實上，據王回憶，會議開到下午五點鐘左右，忽然從遠處傳來一陣汽船駛過來的聲音。在船頭放哨的她，忙敲了幾下窗口，向船艙內開會的眾人作出警示，他們也立即中止了討論，把文件收藏起來，再把麻將牌拿出來搓。

　　等汽船漸漸靠近，才發現那不是警察的巡邏艇，而是普通遊船，大家虛驚一場，於是重新開會。但經過這場虛驚，大家不安

之心緒更甚，於是也加快討論，儘快結束會議。

但也是這場虛驚，為中共一大添上花邊，留下會議期間大家搓麻將這有趣一幕。

中共建國後，1950 年，上海市長陳毅（即中共十大元帥之一）在建黨三十週年前夕，交下了一件重要政治任務，那就是尋找創黨的一大會址，作為對黨的獻禮。

幾經辛苦後，找到一大原址，便開始復原工程。

起初，為了彰顯革命氣氛，屋內掛起了馬克思像、列寧像，以及毛澤東手書「星星之火，可以燎原」的大字。但後來，國家文物管理局局長王冶秋從北京到來參觀後，提了一條重要意見：「革命紀念館的布置應該完全恢復當年原狀，使來館景仰者能想像當時情景生肅然起敬之感。」從此，前述那些掛畫及書法都被拿下來，因為都非當年一大開會時存在之物。

在王冶秋所提出的原則下，紀念館製成了模型送北京，供毛澤東和董必武兩位曾經出席一大的國家領導人觀看和批示，得到認可。1954 年，中央又派了另一位一大代表包惠僧，以及李書城夫人薛文淑（也就是當年李公館的女主人），一起到上海觀看復原會址，並回憶當年情景，提供意見，好讓陳設布置能夠盡量接近原貌。

但想不到，兩人卻出現了一個分歧和爭議，根據薛的回憶，會議是在樓下開的，但包卻說是樓上開的，本來薛是公館女主人，而開會的那張長桌子，更是她一家每天吃飯、閒話家常的地方，

所以她的記憶本來該更可靠，但因為包是出席一大的代表，而薛不是；而包的政治地位亦比薛的高，於是館方還是參照了包的意見，把會議地點設在樓上。

直到 1956 年春節，會址來了一位 70 歲的白髮長者，他就是曾經出席一大、如今貴為國家領導人的董必武，他的政治地位又比包惠僧高得多，這位最高人民法院院長，作出了「裁決」：「當年開會不在樓上，而是在樓下，會議室應該布置在樓下」，「當時不似現在，人家有女眷，我們怎麼好走到樓上去開會呢？何況那時我們的會議還有外國人參加。」

董的說法無疑合情合理，且也因為其身分地位，就此一錘定音，那張長桌子又從樓上搬到樓下，直到現在。

董臨走前題了字，他借用了莊子的說話：「作始也簡，將畢也鉅」，用這八個字來概括了中國共產黨的歷程。

圖 1：中共一大開會地點就在如今上海時尚熱點新天地的一角，旁邊是繁華的高樓大廈。

圖 2 至 4：中共一大會址是具有典型上海風格的石庫門樓房。

圖 5：樓房門上掛上寫著「中國共產黨第一次全國代表大會會址」的牌匾。

圖 6：會場按當年擺設原樣復原布置。

圖 7：一大會址旁邊如今興建了紀念館，內有展覽和文物。

圖 8：紀念館內展示了十五名代表開會時的造像。

圖 9：紀念館內展示了一大九天會議的日程。

圖 10：董必武的題字：「作始也簡，將畢也鉅」。

※ 本文參考自大陸紀實文學作家葉永烈所著，《中共之初》，1991 年，香港：天地圖書出版。後來，2005 年，廣西人民出版社；以及，2022 年，風雲出版，分別為中國內地和台灣再行出版本書，並把書名改為《紅色的起點》。

日期	会议	地点	会议内容
7月23日	第一次会议	上海望志路106号	共产国际代表致辞，商讨大会任务和议程。
7月24日	第二次会议	上海望志路106号	各地代表报告本地区党、团组织的情况。
7月25日	休会	上海白尔路389号等处	起草党的纲领和决议。
7月26日			
7月27日	第三次会议	上海望志路106号	讨论党的纲领和决议。
7月28日	第四次会议		
7月29日	第五次会议		
7月30日	第六次会议		法租界密探闯入，会议被迫中止。
最后一日	第七次会议	浙江嘉兴南湖游船	通过党的纲领和决议，选举产生中央局成员。

中国共产党第一次全国代表大会日程
Agenda of the 1st CPC National Congress

9

10

22. 毛澤東故居：
天若有情天亦老

毛澤東、母親文氏、
弟澤民和澤覃（右起）

　　毛澤東很少講及自己家事以及家人（他寫過一篇〈祭母文〉為例外），僅有一次詳談，是在 1936 年，當時「長征」踏入尾聲，毛澤東接受了一位同情中國共產主義運動的美國記者之詳細訪問，詳述革命歷程，這位記者叫斯諾（Edgar Snow），就是著名 *Red Star Over China* （中譯本《紅星照耀中國》，舊譯《西行漫記》）一書作者，當中透露了他的童年。

　　先扯開講幾句，斯諾在書中記述毛的童年前，先道出一個有趣觀察，他說，如同他訪問過的其他共產黨人一樣，他們只傾向講革命，很少談個人經歷，他甚至說，一旦當了紅軍，他們就在某些地方失去自我，若不追問，就聽不到他們談自己，而只說紅軍、蘇維埃，和共產黨。他們傾向於把之前歲月視為黑暗時代，生命僅在成為共產黨員以後才開始。毛的情況也一樣。若不是斯諾

堅持，毛對此根本沒有興趣談。順帶一提，斯諾也提到，在毛向他回憶往事時，有一個人在旁聽得津津有味，那就是毛當時妻子，（也是第二位妻子）賀子珍，顯然這些都是她前所未聞的。

說回毛澤東的童年。

毛父親（毛順生）年輕時去當了兵，加入湘軍，回來後做些小買賣，掙了點錢，之後再雇用一兩個農工，逐漸累積財富，後來更成了糧商。但毛跟父親關係並不好，常常吵架，他和弟弟常遭父親打，他說吃的也差，父親不會給他們吃蛋和肉。他喜歡讀書，愛讀中國古典小說，尤其是造反的故事，如《水滸傳》、《西遊記》、《三國演義》等。但父親卻認為讀書無用，阻止他讀，只顧叫他去種田，及去學記帳和珠算。毛 13 歲那年，父親甚至在很多客人面前，罵他又懶又無用。連串衝突後，毛說自己開始恨父親。

毛卻讚母親（文素勤）是位善良婦女，慷慨大方，富同情心，會施捨窮人，但父親只要見到就會阻止，為此家裡吵過好多次。毛甚至批評父親「斂財」。有次發生糧荒，父親把米運往城裡去時，被貧困農民攔截，但毛卻說並不同情父親。

他形容父親為「執政黨」，他與母親和弟弟（有時再加上僱工）則是「反對黨」。毛形容自己慢慢通過「鬥爭」（如離家出走），學懂如何從父親那裡保護自己權利。

之後，接二連三幾件事，包括饑荒讓省會長沙發生暴動但遭清廷鎮壓、家鄉裡哥老會跟地主衝突且造反但最後也遭鎮壓、學校來了位激進老師呼籲人們不要拜神佛，以及他讀了《盛世危言》等

書讓他開始憂慮中國前途，毛說這些事讓他滋生了造反意識。

1910 年，17 歲的毛澤東離開家鄉，臨行前寫了首詩給父親：「孩兒立志出鄉關，學不成名誓不還，埋骨何須桑梓地，人生無處不青山」。他先後到了湘鄉、長沙讀書，經歷了辛亥革命和很多事，之後再到北京、上海，見識漸長。

到了 1919 至 1920 年間，他母親和父親先後去世，1921 年春，他跟在長沙讀書的三弟毛澤覃一起回老家一趟，看看其餘弟妹，及由他這位大哥去處理好一些家事，這時他的祖屋剛好經過翻修。

1878 年，毛澤東的曾祖父在韶山沖買下五間茅屋，在此定居，後來，毛跟兩個弟弟也在這裡出世。到了毛順生積累了財富，決定修建這祖屋，蓋瓦頂，加修後院和新屋，擴建成有十三間半磚房（因為堂屋是跟鄰家共用，所以算半間）的現狀（見圖 1）。新屋在 1918 年落成，只可惜在隨後一兩年，毛順生夫婦皆告離世。

我到過毛澤東這祖屋兼故居參觀，現跟讀者介紹一下。

毛家祖屋門口，現時掛上「毛澤東同志故居」牌匾（見圖 2），這是由鄧小平題字。

走進屋內，會見到堂屋（見圖 3），這是用來款待客人的地方，正如前述，這堂屋毛家跟鄰居共用。現時這裡掛了一幀照片，那是 1959 年毛回這老家時在門口跟鄉親的合照（見圖 4）。

再走進去是廚房（見圖 5），展覽板提到，「1921 年春，毛澤東在火塘旁召開家庭會議，教育親人投身中國人民的革命事業」。

「教育」？什麼教育？究竟這是怎樣一回事？

毛澤東有兩個弟弟，毛澤民和毛澤覃，分別少他 3 歲及 12 歲，較少人留意的是，他還有個妹妹毛澤建，但其實並非親妹，本來是堂妹，因家貧而過繼了給他父親當養女，也是少毛 12 歲，後來成了別家童養媳。正如前述，毛雙親去世後，1921 年春，他回家一趟處理好家事，其中一件就是取消了這段他視為不公義的婚姻，之後帶妹妹去長沙讀書。

在這趟回家之行，正月初八晚，也是其母親的冥壽，毛就在這廚房裡跟三個弟妹，以及其他家人（包括毛澤民之妻王淑蘭、兩位表兄文東仙、文南生），烤火圍爐，閒話家常，互道別後生活。留守家中的毛澤民向他訴苦，說家中因為修屋、父母親生病和殯葬、婚娶、敗兵要錢、強盜來搶，經濟愈來愈緊。毛澤東說，這也不只是他們一家發生的事，而是天下間大多數人的災難，國難民不安，他更提出一個讓我瞪眼的建議，他叫大家取消了這頭家，跟他出外學習，將來參加一些有利於國家、民族的工作（以上資料見〈毛澤東五回韶山〉一文，載於「共產黨員網」）。

在「韶山毛澤東同志紀念館」中，於介紹他弟妹、太太（指首位妻子楊開慧）和兒子的展區，內有一幅油畫，也記述了他們四兄弟妹這一幕（見圖 6）。

讀者可能奇怪，為何不是在客廳，而是在廚房，討論這些家國之事？原因是當時剛巧是春寒天，農家沒有專門取暖的火爐，天寒時，在廚房內的爐上燒熱水，既有火可取暖，又有熱水可喝，

廚房於是也成了可供大家聊天的「火塘」。

再走進去是橫屋（見圖7），這裡本是一家人吃飯的地方，但1925年，毛澤東再回韶山老家，這次他索性開展農民運動，並以打牌、下棋作掩護，在這間橫屋裡開會，向鄉親宣揚革命。1927年，毛澤東三回老家，了解當地農民運動進展，並寫下了他那篇著名的〈湖南農民運動考察報告〉，當中好些材料，就是在這間橫屋裡開的會議中收集。

再走進去，是毛雙親的臥房（見圖8），毛便是在這裡誕下。這裡的舊木床是原物，現時牆上掛了他雙親的照片。1959年，毛四回故鄉，到這房間時，注視照片良久，後向陪同人員說：「這是我父親和母親。我母親頸上生了個包，穿了眼，只因在那個時候，要是在現在就不會死。」毛始終最惦念的就是母親。

再進入，是毛自己的臥室（見圖9）。這裡又有革命事蹟，這間臥室有個小閣樓，從照片中大家會見到，有道上閣樓的木梯。在毛1925年回來那一趟，他在樓上開祕密會議，幫幾位鄉親宣誓入黨，並成立了中共韶山支部。

臥室現時掛上兩幀照片（見圖10），一是1924年，他太太楊開慧與兩名兒子毛岸英和毛岸青的合照；二是1919年，他三兄弟跟母親在長沙的合照，那時毛在長沙工作，毛澤覃在長沙讀書，留守家中的毛澤民因母親病重送她去長沙治病，因此才有機會四人合照，同年10月母親病逝，於是成了唯一一幀四人合照，因藏於外婆家而得以保存。

　　再進入，是毛澤覃的臥房（見圖 11）。可惜的是，因毛故居內實施人流管制，導致行色匆匆，讓我不慎錯過了毛澤民的臥房。圖 12 是農具房。

　　看完故居，我走上附近一個山坡，去看毛澤東雙親合葬之墓（見圖 13、14）。毛四回故鄉時，曾到這裡，在墓前鞠了三個躬，並說：「前人辛苦，後人幸福。」有趣的是，墓旁有個碑，上有毛為母親題的一對靈聯（見圖 15），但卻不見他為父親作同樣的事，毛與父親的感情，可見一二。

　　這故居，跟毗鄰的「南岸私塾」，及後來附近配合興建的「韶山毛澤東同志紀念館」（見圖 16）、「韶山毛澤東圖書館」（見圖 17）、「毛澤東紀念園」、「毛澤東廣場」、《中國出了個毛澤東》大型實景演出場地（見圖 18、19），合組成一偌大園區，成了中國內地「愛國主義教育」的重點基地。

　　以我個人喜好而言，會推介韶山毛澤東同志紀念館，這裡以展覽毛澤東生前衣食住行為主，趣味性較大。（圖 20 是毛的題字，圖 21 是他親筆寫給習仲勛（即習近平父親）的信件，圖 22 是他在北京中南海居所菊香書屋的睡房兼工作室的仿制品，圖 23 是其日常盥洗用具）

　　這個韶山毛澤東園區，每天參觀的人，數以萬計，當中不少是學生團。事實上，我的親身經驗是，園區內人潮真的是川流不息。要進入毛澤東故居內，先要排隊，我參觀那天並非假日，也要等了大概一個小時，而入屋後，有人流定向管理，不容你徘徊和慢

慢觀賞，只能匆匆走過，走馬看花，幾分鐘便完事。

最後一提，毛澤東的弟妹，結果全都為了革命捐軀，且英年早逝，澤民、澤覃、澤建死時分別是 46 歲、30 歲、24 歲。

我翻查了很多資料，包括其家書，都沒有看到毛澤東怎樣談及這三位弟妹。

革命是成功了，但一國功成萬骨枯。我知道，革命難免有犧牲，我只是想，對於三位被他引領入革命並早早犧牲的弟妹，毛澤東心底裡又可有些話會跟他們說呢？

6

7

8

14

15

16

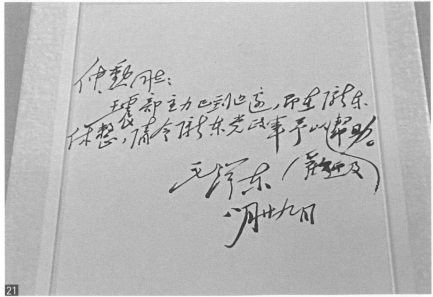

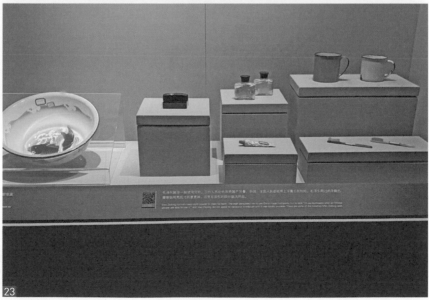

23. 劉少奇故居：
歷史在這裡「被空白」

劉少奇和王光美

毛澤東和劉少奇，曾經是中共的一二號人物，兩人早在延安和西柏坡時期，已經緊密合作，朝夕共處，這種關係延續至建國初期，後來因為路線分歧，因為權位，兩人鴻溝漸見，直到文革更恩斷義絕。

這樣一對恩仇難論的老搭檔，原來同是湖南老鄉，兩人的出生地韶山和寧鄉，更相隔不遠。那天早上我去了看毛澤東故居和紀念館，下午再趕過去看劉少奇的，居然還趕得及，自駕遊不用一個小時便到。

現時劉少奇故居和紀念館，再加上其它景點（如銅像廣場、修養亭、一葉湖、劉少奇坐過的飛機、劉家祖墳等），合組成一個名為「劉少奇故里」的園區，但自駕車不能駛入，只能坐園內收費車穿梭往還不同景點。

　　劉少奇故居是一座前臨碧水、背靠青山的四合院（見圖 1），大門上掛有題為「劉少奇同志舊居」的橫匾（見圖 2），橫匾有點破舊，卻原來背後大有故事，它竟曾經成了一塊「砧板」。

　　話說，文革時這裡遭紅衛兵破壞，這橫匾和屋內其它物品被堆放在一起，準備銷毀，當時一位公社炊事員周思久，同情劉的遭遇，便暗地裡把這塊門匾取走，放在廚房裡一個不顯眼位置，且為了躲過追查，他又將門匾翻過來，當作是切菜的砧板，用了一段時間，故門匾背後留下了不少刀痕。廚房其他炊事員都知道，但誰也不出聲，讓門匾這樣被保存下來。這也顯示，其實公道自在人心。

　　進入屋裡是正堂屋（見圖 3），正中放著神龕，也有上香檯，牆的兩旁掛上兩幀照片（見圖 4、圖 5），那是建國後，1961 年 5 月，劉和夫人王光美，返家鄉作農村調研時在這祖屋拍攝的，當時劉索性就住在這裡，歷時六日六夜。

　　再進內，會見到劉父母親的臥室（見圖 6）、他大哥劉墨欽和二哥劉雲庭等的臥室，以及劉少奇自己的臥室（見圖 7），1961 年那次調研，他就是睡在這裡。

　　客廳是一間橫堂屋（見圖 8），1961 年那次調研，劉在這裡見鄉親父老，聽取意見，以及召開幹部會議。如今牆上還掛上當年開會時的照片。

　　值得一提的是，這祖屋有間書房（見圖 9），劉少奇童年便在這裡讀書，可見劉父對子女的教育重視。四個兒子中，老大和老二都讀了三四年私塾，老三讀了六年，對少奇這個蘊子（么子）更在

意栽培，希望他能多讀幾年書，長大後當個中醫師。事實上。劉少奇紀念館內，也有一幅劉童年時，不理同伴訕笑，專心致志讀書的油畫（見圖 10）。

一邊看劉少奇的故居，一邊想起他的下場，怎能不唏噓。堂堂一位國家主席，在任末期，竟然受盡鬥爭、凌辱、折磨，身體和精神都遭到摧殘，而這故居也遭嚴重破壞。直到 1980 年他遭平反後，這故居才得以修復。

沒有民主和法治，人的命運可以十分脆弱，哪怕是貴為國家主席。

1967 年，劉少奇被迫跟王光美分開，各自囚禁，臨別時說了一句話：「好在歷史是人民寫的」，這也成了他們夫婦間最後的對話。

「好在歷史是人民寫的」，也只能說，但願真的如此，或許也是這個年代，我那些身處困厄的朋友，能夠給自己的最大安慰。

參觀完劉少奇故居，再去劉少奇紀念館（見圖 11）。紀念館門口，掛上「劉少奇同志紀念館」的牌匾（見圖 12），跟毛澤東故居一樣，這也是由鄧小平題字。

館中介紹了劉少奇的生平、理論，以及對黨建的貢獻，這些東西之前我都略知一二，並沒有什麼意外之處。於是，看了約一個小時後，便去到尾聲。反而最惹人思考的，卻在這時出現。

那是展覽結尾部分兩塊展板。前一塊（見圖 13），講的是劉少奇五、六十年代在中南海的生活，如攝影、木工、垂釣、耍太

極、種植，最晚的一張照片拍於 1964 年；但之後，鏡頭急轉，後一塊（見 14），照片已經是 1980 年的「劉少奇同志追悼大會」，以及鄧小平在會上的發言。

那麼，中間十多年發生了什麼事，劉少奇有何遭遇？兩塊展板之間完全沒有交代，歷史就是這樣在這裡「被空白」了。

近日，冷戰年代捷克的著名流亡作家米蘭・昆德拉逝世。

年輕時較為文青，也讀過昆德拉的一些小說，如《生命中不能承受之輕》，以及《笑忘書》。我還記得，《笑忘書》內記述了以下一幕：

1948 年 2 月一個下雪天，在首都布拉格一棟大樓的陽台上，捷共領袖戈特瓦（Klement Gottwald）向民眾發表演說，當時革命「同志」克萊門第斯（Vladimir Clementis）站在其身邊，且因天氣寒冷，他體貼地把自己的裘皮帽，戴在戈特瓦頭上，以防對方著涼。當時黨的宣傳部不失良機，攝下了這溫馨動人一幕，並把這幀珍貴照片（見圖 15，網上照片），大量印發，向民眾宣傳那革命情誼。

只可惜，四年後，克萊門第斯被控以陰謀罪而被絞死。為免沾污了偉大領袖的形象，黨的宣傳機器立刻再啟動起來，把他從歷史和照片中抹走。當然這幀照片也不例外，於是，戈特瓦變成獨自一人站在陽台上發表演說，至於克萊門第斯原本站的地方，在他「被消失」後，也只能看到餘下來背後那道牆。克萊門第斯唯一能倖免的東西，就只有戴在戈特瓦頭上那裘皮帽而已（見圖 15）。

政權製造了這幀照片，但人民寫的歷史卻也記下了這一筆。

1961 年 5 月，刘少奇和王光美在旧居前坪。
In May, 1961, Liu Shaoqi and Wang Guangmei were at the courtyard of old residence.

1961 年 5 月，刘少奇同志和夫人王光美在故居。
Comrade Liu Shao-qi and madame Wang Guang-mei in the former residence in May, 1961.

24. 廣州起義烈士陵園：
槍桿子出政權

葉劍英

　　廣州除了有個紀念反清起義的「黃花崗七十二烈士墓園」之外，還有一個紀念中共起義的「廣州起義烈士陵園」，雖說兩者同是墓園／陵園，但建築風格卻迥然不同。比起黃花崗那邊，名人墓塚建築風格可謂各有特色，烈士陵園這邊卻築得單調、乏味得多，中國傳統特色，在那時的中共眼中，固然只會被視為封建餘孽，而個人風格、特色，和品味，在集體主義下，也成了一種容不下的奢侈。烈士陵園的主題是——「槍桿子出政權」，也就是中共最重要的教條。

　　先說這個烈士陵園的背景，話說 1927 年 4 月，國共由原先的合作走向分裂，國民黨在各地搜捕和處決共產黨人，中共當然不會坐以待斃，紛紛在各地起義反抗，繼南昌起義、湘贛邊界的秋收起義之後，1927 年 12 月 11 日，葉劍英、葉挺等廣東將領，在

廣州發動武裝起義，但情況就如各地起義一樣，因敵眾我寡，經三天浴血奮戰後，起義終告失敗，近五千七百人犧牲。

但二十多年後，中共最後還是打下了江山，且葉劍英後來還成了中共「十大元帥」之一，地位顯赫，廣州起義也自然從此被推崇備至，於是在建國後修建了這個偌大的烈士陵園。

相信也是因為葉劍英的關係，多位中共領導人都對這個烈士陵園頗為重視，如周恩來、鄧小平、朱德、董必武都有為它題字題詩。

例如陵園正門（見圖1），便見到刻上周恩來手書的「廣州起義烈士陵園」八個大字（見圖2）。走進正門之後，就是陵墓大道，直往前走，就會見到「廣州起義紀念碑」（見圖3），碑上又見到刻上鄧小平手書的「廣州起義烈士永垂不朽」十個大字。

這個廣州起義紀念碑是陵園的核心建築，其造形是由起義者手臂所舉起的一枝長槍，衝破了基座三塊巨石，槍尖直指天空。園方介紹，這有雙重寓意，一是中共的信條「槍桿子出政權」；二則是衝破「三座大山」（毛澤東把封建主義、帝國主義、官僚資本主義，合稱為沉重地壓在中國人民頭上的「三座大山」，是中共革命的對象）。

紀念碑上除了前述鄧小平手書的「廣州起義烈士永垂不朽」十個大字，還刻有起義時革命群眾戰鬥場面的浮雕。這類革命浮雕在大陸的愛國建築如廣場、紀念碑、陵園中皆十分普遍，最出名的當然是北京天安門廣場「人民英雄紀念碑」，差不多可說是指定動作，但也近乎千篇一律。

之前提過的黃花崗七十二烈士墓園，其核心建築是屹立著自由女神像的「紀功坊」，而今次廣州起義烈士陵園，則是一枝豎立的長槍，自由女神像 vs 長槍，民主自由 vs 槍桿子出政權，這也反映了兩者核心價值上的迴異。

沿著紀念碑右邊墓道拾級而上，就是「廣州公社烈士墓」（見圖 4）。烈士墓是一個半圓頂形的建築，封土上由綠草覆蓋，象徵著烈士們「野火燒不盡，春風吹又生」的革命精神。墓塚由一圈花崗石圍牆所圍，牆上鑲嵌著四十多根白雲石欄杆，每根欄杆上均由一仰天長嘯的石獅子所鎮（見圖 5），墓塚正面是朱德手書的「廣州公社烈士之墓」八個大字，是墓的主碑，1987 年廣州市政府在墓塚東面的牆上刻上〈廣州起義碑記〉。據說，清晨，紅日從烈士墓的東邊冉冉升起，霞光道道，墓頂芳草會閃耀著金色朝暉，這就是著名的「羊城八景」之「紅陵旭日」。

另外，葉劍英之墓也在這裡，設計頗簡單（見圖 6）。葉是廣東梅縣人，軍旅出身，建國後被封為十大元帥之一，他也曾當過廣東省政府主席，以及全國人大委員長，在擊倒四人幫和讓鄧小平復出這一役上，擔當重要角色，所以深受鄧所尊重，他及其家族在廣東曾經極具影響力，例如長子葉選平也曾當過廣東省長，葉劍英因此亦被稱為「南天王」。

除了廣州起義紀念碑、廣州公社烈士墓、葉劍英墓之外，園內還有血祭軒轅亭、紅花崗四烈士墓（見圖 7）、中朝人民血誼亭、中蘇人民血誼亭、一眾烈士像（見圖 8）、廣東革命歷史博物館（見圖

9，門口陳列了一尊當年虎門炮台的海防大炮，虎門就是當年林則徐銷煙的地方，見圖10）等。但正如前述，比起黃花崗那邊名人墓塚建築風格可謂各有特色，烈士陵園這裡卻築得較為單調、乏味。

這裡交通十分方便，大門就在「烈士陵園」這個地鐵站旁。我到陵園那天，只見來向廣州起義紀念碑（外形也就是一枝槍）致敬的人潮絡繹不絕，當中以學生居多，也有制服團體（見圖11），一問才知原來是時近清明，因此被單位組織來慎終追遠，我想這也是「愛國主義教育」，估計類似的安排在香港也不遠矣。

無論如何，如果大家有機會到廣州，不妨到黃花崗七十二烈士墓園，以及廣州起義烈士陵園，都去看一下，並可作個比較，從兩者迥異的建築風格，細味當中品味、價值觀上的差異。

10

11

25. 胡適故居和墓園：
自由、容忍、漸進

胡適

最初認識胡適，是小學年代，在課本裡讀到他不少有關求學的金句，例如：

「為學要如金字塔，要能廣大要能高」；

「大膽假設，小心求證」；

「做學問要在不疑處有疑，待人要在有疑處不疑」等。

這些金句簡單易明又容易上口，最適合小學生，也成了大家畢業時，寫紀念冊互相勉勵時的熱門之選。

進一步認識他，已經是大學年代，那時研習五四運動，才知當時他是一名悍將，不單提倡白話文，也提倡自由主義，以及「自由、民主、容忍、和平的漸進的改革」。

　　年輕時，喜歡「大理論」（grand theory），妄求學識一兩套，就可快快套在四方上下、古今往來，掌握「人類歷史的規律」；又缺乏耐性，奢想找來一兩套「主義」，就可改造世界，建立「理想國」。於是，自然而然，就喜歡上馬克思主義。

　　因此讀到五四時胡適與李大釗那「問題與主義」的論爭時，自然會傾向李那一邊，看不起胡適，認為他「只見樹木，不見森林」。

　　但隨著年紀漸長，閱歷漸多，才愈來愈警惕到，人會犯錯，思考會有盲點，識見也有局限，人性更有不少醜惡和陰暗面，以為可以有一個通盤的解決方案（a totalistic solution），實太天真；追求一蹴而就的通盤變革，更是十分危險。反而，慢慢學懂欣賞「循序漸進」（incrementalism），以及「點滴社會工程」（piecemeal social engineering）的智慧。

　　結果，自己的學術之途，不知不覺間，也應了胡適那篇文章的題目，「多研究些問題，少談些『主義』」。揀了一個課題，紮紮實實在上面下功夫，一做就是二十多年，不求石破天驚，只求在具體問題上有些微貢獻。

　　胡適也是自由主義的倡導者，不單以此批判國民黨的專權，也警惕大家民粹主義的危險。

　　舉個例，1919 年 3 月，北大陳獨秀（也就是後來的中共創黨黨魁），被報章報導嫖妓，立時鬧得沸沸揚揚，引來一場道德公審。胡適在給友人湯爾和的一封信中，卻為陳辯護，說「私行為」與「公行為」該分開，他並不是主張大學教授、政治領袖不妨嫖妓，

但卻不贊成任何人利用某人的私行為來作攻擊他的武器。之後，他在另一封信甚至說，陳因此事離開北大，與自由主義立場漸行漸遠，變得左傾，後來更成立了中國共產黨。想不到一場嫖妓風波，就此影響到北大的命運，以至後來中國政治思想的發展。

年輕時，我也動輒批評別人道德，但年紀漸長，學懂要包容，尊重別人的自由和選擇，更警惕到社會泛道德化的危險，以及如何會被利用。年前，「鋼琴王子」因涉嫌嫖妓，而在中國內地遭到排山倒海的口誅筆伐、全面封殺、作品下架等，當時我寫了篇文章捍衛他應有的人權，當中便有引用了以上胡適的故事。

所以，諷刺地，原本我以一個馬克思主義者自居，但過去幾十年，在一些觀點上，反而與胡適愈行愈近。

為了憑弔這位人物，筆者曾去過台北胡適紀念館一趟。

這所紀念館，包括三個部分：一、胡適故居，二、陳列室，以及三、胡適墓園及胡適公園。胡適故居和陳列室在中央研究院內，至於墓園則在中研院旁邊的一個小山坡上。

胡適當年在美國，因當地缺中文書，不便他寫作，於是想到台灣居住，便寫信給中研院友人，提出由自己出錢，另向中研院借一塊地，建一居所，若干年後，便把房子捐給中研院。

蔣介石知道胡適願意赴台，自然大喜過望，便提出若胡適肯來，不用自己花錢蓋屋，政府可給他辦。

胡適在 1958 年底入住此屋，只可惜，只是在這裡住了四年，

便因突發心臟病去世。

　　胡死後，中研院通過決議，把故居改作紀念館用途。紀念館成立之初，胡過往生活起居地方，一律保持原狀，只以住宅的遊廊（原第二會客室），闢作陳列室，展出其著作、手稿、信件、照片，以及一切有意義的物品。但可以想像，情況會十分侷促，自然並不理想。

　　兩年後，其遺孀江冬秀寫信給中研院繼任院長王世杰，說從美國帶回來的書，很多至今還裝在箱子裡，放在工人房和廚房裡，她實在不忍，讓丈夫的書堆置不管，所以提出，另建一陳列館，這可讓住房保持原貌，也可讓書有地方陳列，讓丈夫九泉之下安心，費用可由她負責。王回信表同意，並說夫人生活已艱苦，不想增其負擔，相關費用可由中研院負責籌募。結果便在故居旁建了如今的陳列館。

　　圖1和圖2是如今胡適紀念館的入口。入內後，會先走進陳列館，並見到正中就是胡晚年的照片（圖3），右側有他手書的「遠路不須愁日暮，老年終自望河清」兩句（這是出自明末清初大學問家顧炎武），相信代表了他晚年的心境和對時局的期盼。

　　陳列館內會見到有關胡適的生平、史料、照片、手稿、生前日常用品（如圖4、圖5）等，最吸引我注意的，是蔣介石委任胡適為中研院院長的委任狀（見圖6）。

　　陳列室右邊盡頭有一出口，通往胡適的故居小屋，圖7是故居的客廳，圖8是書房，圖9是胡適的臥房，圖10原是胡適祕書胡

頌平的工作室，1961 年 10 月起改作胡適夫人江東秀的臥室，牆上掛的是其照片。

至於胡適的墓園，它是另外由台北南港當地仕紳，捐出一片位於研究院附近的私人土地闢建而成。後來進一步將周邊規劃和擴建為一座公園（見圖 11）。如今公園內，還有其他跟中研院有關人士之墓和紀念碑，如董作賓、董同龢、徐高阮、吳大猷等。

步入公園，會見到一「箴言牆」，牆上刻了不少胡適書寫下來的箴言，有些箴言是出自他自己，如「大膽的假設，小心的求證」（見圖 12）、「做學問要在不疑處有疑，待人要在有疑處不疑」（見圖 13），就連用來緬懷婚外情情人曹誠英，「山風吹亂了窗紙上的松痕，吹不散我心頭的人影」那兩句，也都有；有些卻是出自其他人，如前面提過顧炎武的「遠路不須愁日暮，老年終自望河清」，又或者范仲淹的「寧鳴而死，不默而生」。只可惜箴言牆日久失修，不敵日曬雨淋，很多字已經不再是清晰可見，盼望管理當局多加注意，做好保養。

沿著公園右邊的「學者之道」拾級而上，首先看到的是胡適的半身銅像（見圖 14），此乃中國公學在臺校友會所捐款興建。

再向前走，會進入主墓區，迎面是刻在大理石上的墓誌銘（見圖 15），內容是胡適對學術、文化、民族的貢獻，銘文為毛子水作。登上石階，白色迴廊圍繞著主墓（見圖 16），據建築師高而潘回憶，他當時設計的理念為：「墓地是讓人懷念的地方，不是拜一拜就回去」，所以他在主墓四周設計了迴廊，希望來瞻仰的人能有

個地方可以緬懷、追思，甚至沉思。

　　胡適和夫人江東秀合葬於此墓。墓上的碑文由國民黨大老于右任所題，主墓後方則有蔣中正所題輓額「智德兼隆」所刻成的小碑（見圖 17）。

　　再沿步道而上，會到達「胡適紀念亭」（見圖 18），那是北京大學臺灣同學會所捐款興建。

26. 錢穆故居：
艱險我奮進，困乏我多情

錢穆

我的母校是香港中文大學，中大早年由新亞、聯合、崇基三間書院合併而成，行書院制，學生要揀其一歸屬，我揀的是新亞，因為當時覺得新亞很有使命感，頗為浪漫，且當時學運中人多是出身新亞。

此外，我也覺得新亞院歌最有情懷，不信？請看看以下幾句：

手空空，無一物；路遙遙，無止境。

亂離中，流浪裡，餓我體膚勞我精。

艱險我奮進，困乏我多情。

千斤擔子兩肩挑，趁青春，結隊向前行。

珍重珍重，這是我新亞精神。

尤其是「艱險我奮進，困乏我多情」兩句，更成了很多新亞人畢生的座右銘。

寫得出這樣好的歌詞，是新亞創辦人，一代大儒錢穆先生。

新亞當年是由一群南渡的中國知識分子所創立，當時大陸山河色變，知識分子都擔心在紅色新政權下，傳統中國文化有中斷之危，錢穆、唐君毅、張丕介等幾位，望能為中國文化保留一點血脈，便南渡香港，在這塊相對安穩之地，成立新亞書院，望以教育來報國，讓中國文化得以保存和承繼下去。

當時處境十分艱難，根據《桂林街的新亞書院》一書的回憶，新亞只能在深水埗（屬貧民區）桂林街的一棟舊唐樓，找來三、四樓的六個單位，建立簡陋校舍，這裡已經包括了教室、辦公室、學生宿舍，以及錢穆、唐君毅、張丕介三位老師的住所，圖書館更是想也不用想。

當時新亞入不敷支，幾位老師不單時而暫緩領薪，更常常以自己稿費補助書院，甚至張丕介不惜拿了夫人的首飾去抵押，而唐君毅夫人則接些家庭工藝來幫補。

但縱然如此，當來自窮等人家的學生負擔不起學費時，校方還是以各種名目，如讓學生做清潔、文書等工作，甚至乾脆豁免，讓高達八成的學生免繳學費。

新亞就是在這樣一個觸襟見肘的局面下，艱苦經營，但無論師生，志氣都十分高昂，因為他們自覺在承傳中國文化，肩負了一

份神聖使命。同學在學校學習晚了，便索性在學校的樓梯轉角處睡覺，錢穆先生回校時，甚至要小心跨過他們的身軀。

這就是「手空空，無一物」、「亂離中，流浪裡，餓我體膚勞我精」、「艱險我奮進，困乏我多情」的新亞精神之時代背景。

因此，讀書時已經對錢穆先生心存景仰，很多年後到台北，去了一趟他的故居，以作憑弔。

錢穆故居位於東吳大學內的一座小山坡之上（見圖 1），經一楓樹步道可抵達（見圖 2）。

1967 年，錢穆這位國學大師偕同太太胡美琦抵台，宣稱以復興中國文化為己任的國民黨政府，自然不敢怠慢，望能把兩人留下來，首要解決自然是居所，地點先經錢穆夫婦親臨看過並表示喜歡，再由錢夫人親自設計和繪製了屋舍圖樣，蔣介石父子再親自關顧，囑咐下屬按此興建。

錢把這裡命名為「素書樓」，是因年幼時曾經生病，母親在無錫祖居裡的「素書堂」，不辭勞苦照顧他，錢以此紀念亡母養育之恩。庭院內夾步道而迎的楓樹、房舍後方的竹子、庭園裡的松樹和茶花等，皆是錢夫人親手栽種。

錢不單在此居住，也在此講學著述不斷。

素書樓一樓一邊為客廳（見圖 3、4），內掛上「立修齊志」、「讀聖賢書」、「靜神養氣」的直幅和橫幅。（圖 5 為錢在這客廳拍下的照片，翻攝自故居內展覽照片）

錢自 1968 年開始任教於中國文化大學的歷史研究所，每週就在這個小客廳授課兩小時，二十年來不間斷。

一樓另一邊現時闢為多媒體教室。

二樓一邊為書房（見圖 6），窗外見竹，十分寧靜和清幽，實是非常理想的寫作環境。

書桌被形容為這裡的靈魂，錢晚年在此寫下很多著作，而這張書桌更有一段軼事。話說原本它是有人訂造給蔣介石的生日賀禮，但因故未成事，輾轉為錢所購得，因此若細心觀察，會看到書桌的抽屜把手上，有傳統的祝壽雕刻（見圖 7）。

書房裡當然有書櫃，就如大多數讀書人一樣，錢十分愛書，當年在北平任教期間，曾擁書近二十萬卷！他曾打趣說，若被學校解聘，也不愁生活，因為可以擺舊書攤。但他一生飽歷戰亂和顛沛流離，明白一切乃身外物，所以書上不會蓋上私章，因為他知道，這些書有天難免會流落民間。（圖 8 為錢穆夫婦在這書房以大書櫃作為背景所拍下的照片，翻攝自故居內展覽照片）

書房內還有一桌圍棋（見圖 9），錢年輕時喜歡下棋，且棋藝非凡，但晚年卻覺得下棋太傷神，再不易和人對弈，只擺擺棋譜，或和夫人對一下，他笑說：「只有如此，勝也好，敗也好。」

二樓另一邊為臥室（見圖 10），這裡三面有窗，比起客廳和書房只是兩面有窗，採光還要更好，房間內有兩張單薄的床鋪，以及五斗櫃和錢夫人的梳妝台（見圖 11），簡單樸實。

　　臥房內掛有「蒼松雙鶴圖」（見圖 12），這是錢八十大壽時，此時已經習畫 16 年的夫人，親繪送他的生日禮物，上署一對聯：「蒼松懷有凌雲志，雙鶴飛來好作侶」，蒼松象徵錢先生，雙鶴則寓意夫婦間的深厚感情。

　　二樓還另闢空間，展出錢生前用過的物品（見圖 13），當中見到他用過的菸斗。錢曾說，他生活簡單，除了菸斗之外，沒有不良嗜好。他年輕時教過小學，當時更有抽菸習慣，有一天課本裡恰巧有篇〈勸戒菸〉的課文，讓他自省，學生看在眼裡，他還可如何教導學生？於是當晚便決心戒菸。這一戒就是幾十年，直到抗戰勝利，他才重拾菸斗。

　　圖 14 的太師椅，是錢用來靜坐的地方，他曾經對靜坐息念下過功夫，因此就算有時在外忙到很晚，只要回家靜坐十數分鐘，又可伏案疾書了。

　　錢先生也愛音樂，認為音樂最能與人心溝通，不單能表現人的個性，還可表達一個時代的氛圍，圖 15 是他使用過的簫。

　　但最教我莫名感動的，是看到由錢穆先生親筆書寫的新亞校歌手稿（見圖 16）。我默默把手稿從頭到尾唸一遍，院歌旋律，以及新亞精神，又再在心裡湧現。憶起先輩的氣節，想到今日中大和新亞的種種，怎不教人感慨萬千？

　　我在想，若然錢穆先生泉下有知，得悉那些人用 AI 把自己在新亞校園內「重現」，更輔以「五星紅旗迎風飄揚，勝利歌聲多麼響亮……」這些歌聲，他又會有何感想呢？要記住，當年他是逃

避紅色政權，才南渡香港，創辦新亞書院呀！

最後一提，素書樓曾出現過一場風波，1988年，一些綠營人士，包括當時擔任立法委員的陳水扁，攻擊素書樓為「非法佔用」、「霸佔公產」，要「限期收回」。

錢夫人表示：「我們並非想永久住在這棟房子裡，因為錢先生對這房子已有很深厚的情感，加上最近身體狀況又不好，希望能夠等他心情比較平衡了，再行搬遷。」

但是非始終不休，錢最後無奈說：「平生嚴守隱居之素志，今不幸被捲入此是非之中，內心不勝感慨！余已95歲，實無精力與人爭辯是非，生平唯服膺儒家所論士大夫出處進退辭受之道」。1990年6月1日，他毅然搬離了自己已經居住了長達二十多年的素書樓，同年8月30日，錢穆先生鬱鬱而終，距離他搬出素書樓只有短短三個月。

這實在是一件大大的憾事。

2010年8月30日，素書樓舉行錢穆先生逝世廿週年追思會，時任總統馬英九蒞臨，並向坐著輪椅的錢夫人道歉，並保證類似素書樓的風波將不會再發生。

但願如此。

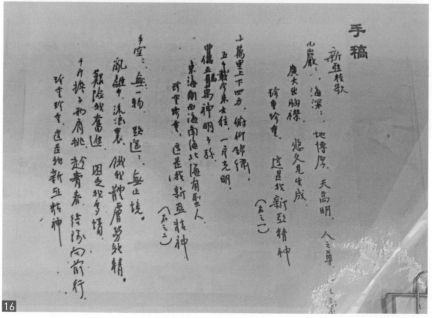

手稿

新亞校歌

山巖巖，海深深，地博厚，天高明，人之尊，心之靈，廣大出胸襟，悠久見生成。珍重珍重，這是我新亞精神。（之一）

十萬里上下四方，俯仰錦繡，五千載今來古往，一片光明。十萬萬神明子孫，東海西海南海北海有聖人。珍重珍重，這是我新亞精神。（之二）

手空空，無一物，路遙遙，無止境。亂離中，流浪裏，餓我體膚勞我精。艱險我奮進，困乏我多情。千斤擔子兩肩挑，趁青春，結隊向前行。珍重珍重，這是我新亞精神。（之三）

27. 林語堂故居：
用幽默去對抗一個壞時代

林語堂

　　國府遷台並安定下來後，蔣介石很想那些因為大陸山河色變，而散居各地的國學和文化大師也來台定居，這可配合國民黨復興中國文化的旗幟。因此，若然願意到台，蔣都幫他們覓地建屋，以解決居住問題。前面提到的胡適、錢穆，以及今篇要講的林語堂，莫不如此。

　　1966 年 1 月 28 日，蔣介石接見原本旅居美國，但這次經台灣轉機去香港探親的林語堂夫婦時，提出希望他們到台灣定居，報章也有就此報導。後來，蔣為了表示誠意，便為他們在陽明山建一幢房子，就是如今的林語堂故居（見圖 1、2），林最後十年居於這裡，死後也長眠這裡，可見他真的十分喜歡此宅。

　　此宅建於陽明山山腰，仰德大道二段旁，那時是蔣從士林官邸往還草山行館（原先是蔣的住所，後來搬往士林官邸後，這裡改為

夏天蔣避暑用別墅），公路車程上的必經之處，因保安理由，這裡曾經是禁建區，所以，准林在此建宅，明顯對他特別厚待。

林語堂親自參與大宅的設計和興建，他以中式三合院，結合西班牙設計而成，藍色的琉璃瓦搭配白牆，揉合東西方風格，也讓我想起在西班牙南部安達魯西亞（Andalucía）地區見過的那些藍白小屋。宅內中庭，更有西班牙式螺旋柱（見圖3）。

林喜歡釣魚，此宅建於半山當然難享垂釣之樂，但中庭裡建有一小魚池（見圖4），林閒來喜歡在這裡觀魚。

林語堂在〈我來台後二十四快事〉一文中，提到最後一件快事，就是這「宅中有園，園中有屋，屋中有院，院中有樹，樹上有天，天上有月，不亦快哉」的房子。

進入屋內（見圖5），會見到書房。

書房兩邊是書櫃，中間是沙發（見圖6）。這裡發生過不少趣事。故居內導賞員提到林淘氣的一面。話說，林晚年寫作，很多時是在這裡口述，再由祕書在書桌上紀錄和打字，有次祕書打字時，忽然發現不見林蹤影，於是起身尋人，但卻遍尋不獲，後來才發現，林跟她玩捉迷藏，躺臥在沙發背後躲起來。

書房也用作會客廳，導賞員又提到，有次林在臥房內，僕人來報，說「蔣院長」來探望，正在書房等候，林以為是好友故宮博物院院長蔣復璁，著對方先等一等，到他出來見客時，才發現來者不是蔣復璁，而是行政院院長蔣經國！堂堂行政院院長，竟然就

在此廳等候林語堂！但當然，蔣經國不是蔣介石，為人親和，所以也不介意。

這個客廳有兩件特別的小擺設，那是故宮蔣院長送的兩個古鼎仿製品，結果，放在廳中左邊的小鼎，給他用來作菸灰缸，至於放在右邊的大鼎（見圖 7），則用作放零食。

圖 8 是廳中書桌，林自己和祕書也在這裡工作，右邊放了打字機，左邊則有一檯燈配放大鏡，這是其二女所送，以方便晚年視力衰退的林語堂閱讀。

廳中也放了其半身像小擺設和相框，這些東西都有一個共同特色，讀者猜猜是什麼？那就是他通通拿著菸斗，從中可見這是其標誌。

再進內是林的臥房（見圖 9，圖 10 是林躺在床上的照片，翻攝自房內展示照片）。

眼尖的讀者會留意到，林臥房內放的是單人床，跟胡適臥房一樣，這都是因為文人通病，喜歡晚間寫作，夜靜時靈感特別多，林常工作至凌晨一兩點，錢穆在撰文懷念故友時，便提到這讓晚上十一點便就寢的他自慚。林夫人為免彼此影響工作和睡眠，於是搬了去鄰房。但可惜，當這故居改作紀念館時，夫人房遭拆卸，與隔壁打通，擴闊起居廳並展示陳列品，所以現時再也不會看到夫人房間。

臥房內擺有不少兩夫婦合照，其中一張是兩人結婚五十週年的

紀念照，林親吻太太面頰（見圖 11）。房內展覽卡，記載了林講述夫婦相處之道：「婚姻生活，如渡大海，風波是一定有的」，而「太太屬水，水包容萬有，惠及人群；而他屬金，喜歡衝刺磨礪」。他更說自己追求浪漫和情趣，就像是個輕氣球，如果沒有被妻子拉住，將不知會飄到哪裡去。朋友請教五十年同偕白首的相處祕訣，兩夫婦說，是個「讓」字。

走出臥房，是起居廳（見圖 12），林把這裡命名為「有不為齋」（見圖 13），其實早於他居住上海時，已把書齋命名為「有不為齋」，如今這裡只是個延續。這靈感來自清末維新派康有為的名字，林說「有為」的反面就是「有不為」，但二者其實殊途同歸，孟子曰：「唯有不為者始有所為」，林曾寫了篇文章叫〈有不為齋解〉，當中詳列他不屑做的 22 件事。

廳中的椅子由林自己設計，上面刻有古文「鳳」字（見圖 14），因其夫人名字是「廖翠鳳」，可見林之愛妻，而後來這亦成了其家徽。

廳中有蔣介石為林八十大壽祝壽時親書的「壽字」（見圖 15）。

林為人幽默，這不單反映在其寫作中，也有反映在其稀有的作畫上，圖 16 是他給朋友張群（國民黨元老，曾任行政院院長）的一幅作畫，畫中的馬有一大肚子，據導賞員解說，這是林諷刺自己，自幽一默，其實，這畫跟他好友徐悲鴻所作的一幅駿馬圖相近，分別就是這匹馬有個大肚子，不知當中是否有「惡搞」之意？

後來，張群送了一個紙鎮（見圖 17）作回禮，上親書其健康生

活要訣的《不老歌》：「起得早，睡得好；七分飽，常跑跑；多笑笑，莫煩惱；天天忙，永不老。」

林語堂離世後長眠於此宅後園，墓前擺放了鮮花，以及一杯咖啡（見圖 18），館方說，那是每天新泡的咖啡。林喜歡喝咖啡，在〈我來台後二十四快事〉一文中，他便提到：「早餐一面喝咖啡，一面看『中副』文壽的方塊文字，或翻開新生報，見轉載『艾子後語』」，好像咖啡杯多放一塊糖。不亦快哉！」

林語堂是眾所周知的「幽默大師」，事實上，他就是把英文「humor」一字翻譯作「幽默」的第一人。

林提倡幽默，但問題是，百年中國，苦難綿綿，人們如何還能笑得出呢？究竟在中國國情下，能否與幽默相容？當時不少人提出質疑，甚至猛烈批評，當中甚至包括其好友魯迅。

魯迅在 1933 年 6 月 20 日致林的一封信中寫道：「重重壓迫，令人已不能喘氣，除呻吟叫號而外，能有他乎？」他因此斷言中國沒有幽默。

或許有人會問，魯迅不是寫過《阿 Q 正傳》嗎？要補充，在〈論幽默〉一文，林語堂道出過他心目中的幽默，那是溫厚、閑適、非酸腐的。這跟魯迅所擅長的諷刺明顯有所不同。

但到了今天，我不認為要拘泥於這種劃分。

今天，我們都異常鬱結，世道之壞，超乎大家預期。究竟我們還可如何自處？或許，與其終日愁眉苦臉、懷憂喪志，適時幽

默，不失為對抗一個壞年代的方法。

電影大師馬丁‧史柯西斯（Martin Scorsese），曾經在其執導電影《喜劇之王》（*King of Comedy*）一片中，借勞勃狄尼洛（Robert De Niro）所飾演的喜劇演員口中，道出喜劇的真諦，那就是：

「回望人生，檢視種種糟糕和不快經歷，把它們以幽默詼諧方式重新再演繹一次。」（I think it's that I look at my whole life, and I see the awful, terrible things in my life and turn it into something funny.）

我有一位大學同事，他學術和研究做得十分出色。有次他在一個沙龍，講述如今在香港做研究，可能觸及一些紅線的危險，以及自己心態上如何面對。他說太太已經離開了香港，對於一些憂慮和擔心，他們基本上都是用開玩笑的方法去處理。他太太說：「喂，你知道在英國找不到『裝修佬』，全部都是 DIY 的，如果你真的坐（牢），你記住學木工，你記得學足才出來，未學完叫他加刑。」他反唇相譏，說自己當年讀的是工業中學，所以他其實是識木工的。

另一位大學同事，近年因政治而惹上官司，面對不確定的前路，又見到朋友時而被抓，讓他生起一種時間無多的感覺。後來，他決定把握狹縫中僅餘的自由，好好呼吸每一口氣，做一切力所能及的事，多看幾眼天與海，毋須自憐，亦毋須悲戚。

最後他說：「逆境不為外人道，但請一起繼續微笑，從容面對。」

幽默，除了撫慰和療癒之外，也可有其批判性，這是為何在冷戰年代，鐵幕國家出現過大量嘲諷政權的笑話。

幽默，也是在重重壓制下，繼續保持你稜角的方法。

香港當代殿堂級電影導演杜琪峯，2023 年 7 月底，在一個馬來西亞電影節的大師班中，說到在香港今天這樣的時局：「如果講真話就死路一條，如果不說又『條氣唔順』（不服氣的意思），情況就是如此尷尬。你壓制得了嘴巴，但壓制不了內心。」

那麼如何面對時下困局？杜琪峯寄語年輕人：「我覺得需要一些魔法，就是需要繼續去做，繼續努力，避重就輕，聰明地表達你的心底話。」

我相信，「魔法」，又或者「聰明地表達心底話」，方法之一，就是幽默。

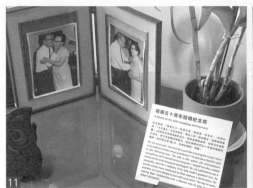

28. 殷海光故居：
愚公、孤鳳，與飛蛾

殷海光

每次到台北，有空我常會去永康街，不是為了那門前總是排著長龍的小籠包名店，而是那裡有我喜歡的老字號牛肉麵，也有外層焦脆內層酥軟的路邊攤蔥抓餅，更有地道台菜做得十分出色的小店。但就是沒想過，從這裡再走遠些，走過青田街，去到溫州街，原來殷海光的故居，就在那裡（見圖1）。

青田街一帶，在日據時代是臺北帝國大學（即後來的臺大）教授的宿舍群，房子建得很有和風，且四周綠樹成蔭，充滿書卷氣。如今這裡很多古舊的日式平房，已經改建為食肆和茶室。但唯獨殷海光這故居，卻保持原貌，雖然他死後，太太夏君璐女士在1971年離開了這傷心地，前往美國定居，但之後住進來者，仍刻意維持原先模樣，因此保存良好，後來更被台北市政府列為古蹟，妥為保存，並開放給世人參觀，以供大家憑弔和重溫那段台灣先輩爭取自由民主的歷史。

　　殷海光於 1949 年隨國民政府從大陸遷台，起初擔任《中央日報》主筆，後來其辛辣社論觸怒了當局，被迫離開，轉到臺灣大學哲學系任教，與此同時，他並沒有放棄筆耕，也為反對派雜誌《自由中國》撰寫政論文章，在一個專制以及白色恐怖的年代，以筆鋒來對抗強權；以自由主義思想來批判思想箝制，啟蒙了無數年輕人。

　　但也因為如此，樹大招風，惹來不少惡毒攻擊，甚至罵他從事「煽動顛覆」（那就是今天香港人常常聽到的四個字），遭國民黨政府步步打壓，先是作品成了禁書，之後是停止其國家補助金，到了 1966 年，因為政治壓力，臺大也不再續聘，美國哈佛大學邀他前往研究中國近代思想，他也不獲允許出境；但就算留在台灣，知名美國學者海耶克（即《到奴役之路》一書的作者）訪台，政府也禁止殷與之晤談。殷的生活起居受到嚴密監視，讓他感到窒息。在重重身心折磨之下，殷患上胃癌，於 1969 年病逝，時年還未到50 歲。

　　文章千古事，今天台灣已經民主化，過往很多冤案也遭平反，歷史終於還了昔日的「煽動顛覆者」一個公道。

　　殷的故居是一座日式木屋（圖 2 是屋內，以殷海光故居作畫的一幅彩繪），四周被樹木和草地所包圍（見圖 3），綠意盎然。藍色屋子設有窗台（見圖 4），以便他倚窗沉思，而沉思正是他的嗜好（見圖 5，翻攝自故居內展出照片）。

　　未進屋內，會先看到屋外的庭院，當中設有水池（見圖 6）、

排水溝（見圖7），和假山（見圖8）。據夏女士透露，三者都是由丈夫親手所建。水池由殷親手挖成，這是他的泡湯池，也是女兒的游泳池；至於挖掘水池和水溝而得來的土石堆，他就用來堆成了一座假山，山上設有桌椅，那裡不單是他讀書之處，也是他跟學生和朋友，品嚐咖啡、談論時事、切磋學問的小天地。

夏女士更透露，排水溝和假山，殷都為它們取了名字，稱為「愚公河」和「孤鳳山」。取名「愚公」和「孤鳳」，我相信或多或少，都有殷在艱困中明志之意，不錯，意志堅定和安於孤獨，都是知識分子在艱困時，所展現的高尚品格。

據說，殷一生致力學術研究和寫作，屋內除了書桌之外，其餘每個角落都擠滿各式各樣書本，沒有多餘傢俬、電器和擺設。如今進入屋內，空間已經騰出來擺放展覽設施，傢俬也只有寥寥幾件，包括他太太的一台裁縫車，以及幾張舊椅子等（見圖9）。

有趣的是，裁縫車旁放了幾罐飛燕牌煉乳（見圖10），究竟這又是怎麼一回事呢？

原來，不同於民國初年，文人學者都喜歡茗茶，殷海光卻是個西化知識分子，嗜飲的是咖啡，這也反映了西方文化對他的一份影響。另外，他也喜歡煉乳，據說平日只要一拿到稿費，他總會去買煉乳來喝，我想這也是在苦日子裡，一份難能可貴的甜美和奢侈吧！

但更值得細看的，卻是屋內展覽殷的各份珍貴手稿，如他親筆書寫的〈我被迫離開台灣大學的經過〉，以及他所作的那首著名新

詩〈燈蛾〉（見圖 11）等。

殷海光那種「寧鳴而死，不默而生」的精神，最能體現在〈燈蛾〉這首詩上：

> 只為貫徹畢生的願望，
>
> 毅然地奮力撲向火光。
>
> 千百次迴旋也不覺疲憊。
>
> 是光明激起了無窮力量？
>
> 直至火花燃去了翅膀，
>
> 倒下了，也不悲傷。
>
> 掙扎中，還再三叮嚀同伴，
>
> 一定要撲向火花！

香港如今北風凜冽，政治氣氛蕭颯，殷海光故居裡的愚公、孤鳳，與燈蛾，或許是我們可給自己的一點撫慰。

歷史終有一天會還「煽動顛覆者」一個公道。

離開時，見到庭園水溝裡，有一朵綻放的荷花（見圖 12），我相信這也頗能代表殷海光先生的精神面貌。

※ 鳴謝：書中部分文章曾在香港《蘋果日報》和《東周刊》刊登，特此鳴謝。

10

11

燈蛾

只為貫徹畢生的願望，
毅然地奮力撲向火光。
千百次廻旋也不覺疲憊，
是老朋激起了無窮力量？
直到火花燒去了翅膀，
倒下了，也不悲傷，
掙扎中還再三叮嚀同伴，
一定要撲向火光！

12

知識叢書 1143

大人們的居所：打開歷史名人家門，看見古今故事

作　　　者	蔡子強	
圖 片 提 供	蔡子強	
責 任 編 輯	廖宜家	
主　　　編	謝翠鈺	
行 銷 企 劃	鄭家謙	
封 面 設 計	蕭旭芳	
美 術 編 輯	劉秋筑	

董 事 長	趙政岷	
出 版 者	時報文化出版企業股份有限公司	
	108019 台北市和平西路三段 240 號 7 樓	
	發行專線	(02)23066842
	讀者服務專線	0800231705・(02)23047103
	讀者服務傳真	(02)23046858
	郵撥	19344724 時報文化出版公司
	信箱	10899 台北華江橋郵局第 99 信箱
時報悅讀網	http://www.readingtimes.com.tw	
法 律 顧 問	理律法律事務所 陳長文律師、李念祖律師	
印　　　刷	華展印刷有限公司	
初 版 一 刷	2023 年 12 月 29 日	
定　　　價	新台幣 480 元	

缺頁或破損的書，請寄回更換

時報文化出版公司成立於一九七五年，
並於一九九九年股票上櫃公開發行，於二〇〇八年脫離中時集團非屬旺中，
以「尊重智慧與創意的文化事業」為信念。

大人們的居所：打開歷史名人家門，看見古今故事/蔡子強著. -- 初版.
-- 臺北市：時報文化出版企業股份有限公司, 2023.12
　　面；　公分. -- (知識叢書；1143)
ISBN 978-626-374-597-1(平裝)

1.CST: 傳記　2.CST: 軼事　3.CST: 歷史故事　4.CST: 中國

782.1　　　　　　　　　　　　　　　　112018572

ISBN 978-626-374-597-1
Printed in Taiwan